チベット
聖地の路地裏
八年のラサ滞在記

村上大輔

法藏館

チベット　聖地の路地裏

八年のラサ滞在記

羅刹女仰臥図
古代よりチベットの大地は、羅刹女が横たわっているものとして捉えられてきた。その心臓部であるラサにジョカン寺、そして周辺部の四肢に十二の鎮護寺を建立することにより、その魔の力は封じられたと伝えられる

目次

第二章　チベット人のフォークロア　55

第三章　天空の大地の肌触り　99

第五章　彷徨の民族アイデンティティ　165

海省
ゴルムド
西寧
ཨ་མདོ
アムド
黄河
長江
デルゲ
カンゼ
チャムド
アチェンガル
ཁམས
カム
四川省
成都
ミャンマー

ラサ
ལྷ་ས
サンドペリ
(ネゴトン・ネナン)
セラ寺
デプン寺
ネチュン寺
ジャツォンチュミ
ルカン
バルコル(巡礼路)
ポタラ宮殿
ジョカン寺
ノルブリンカ
サンゲドゥンク
キチュ河
N
1km
リンコル(巡礼路)
著者の宿

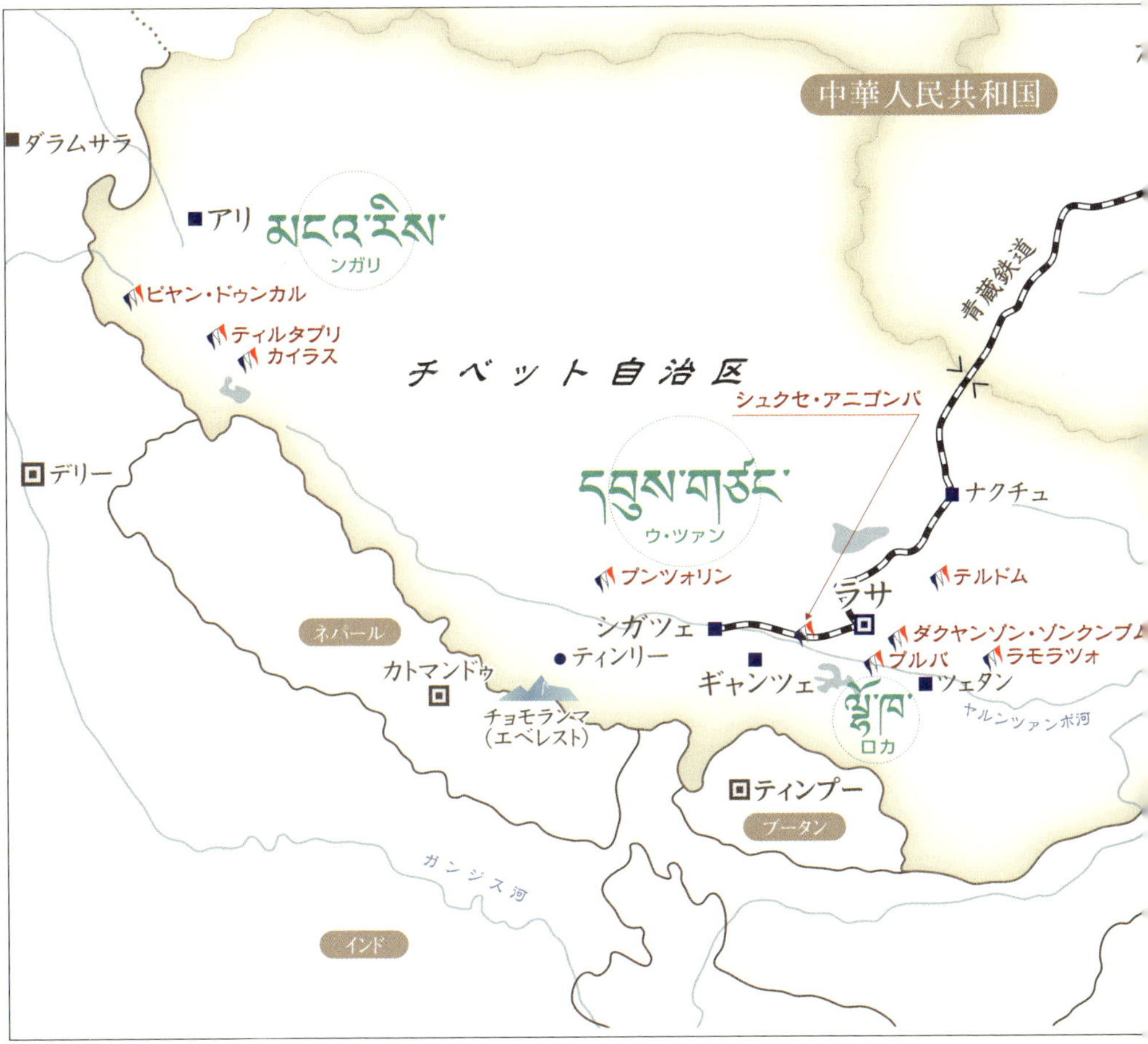

中華人民共和国
ダラムサラ
アリ
མངའ་རིས་
ンガリ
ビヤン・ドゥンカル
ティルタプリ
カイラス
チベット自治区
青蔵鉄道
シュクセ・アニゴンパ
デリー
དབུས་གཙང་
ウ・ツァン
ナクチュ
プンツォリン
テルドム
ラサ
シガツェ
ダクヤンゾン・ゾンクンブム
ネパール
ティンリー
プルバ
ラモラツォ
カトマンドゥ
ギャンツェ
ツェタン
ལྷོ་ཁ་
ロカ
ヤルンツァンポ河
チョモランマ
(エベレスト)
ティンプー
ブータン
ガンジス河
インド

ブックデザイン　熊谷博人
写真　望月文子
写真　著者

扉の写真は、魔除けの護符を制作するときに使われる版木

チベット　聖地の路地裏

八年のラサ滞在記

プロローグ　――八年のラサ滞在――

二〇〇〇年九月、私はラサに住み始めた。その頃のことは今でも鮮明に覚えている。初めてのラサ。その空気はピリッと冷ややかで、独特の乾いた匂いが漂っていた。ちょうど、短いラサの秋が始まろうとしていた。

当時駆け出しの研究学生だった私は、チベットのことについてほとんど何も知らないまま、ひとりラサに飛び込んでいった。はるばるやって来たはいいが、とくにこれといった昂揚感はなかった。中国共産党の赤いプロパガンダの垂れ幕を街なかで見るにつけ、「これからどうやっていこう」と不安のほうが大きくなっていくだけだった。格好だけは人類学のフィールドワークという名目で来たものの、耳に入ってくるのは地元公安の厳しい外国人監視の噂ばかり。現地の言葉もままならないうえ、頼れる知人や友人もいない。「研究計画」などあってないようなものだった。

不安をまぎらすため、どことなくよそよそしい街のなかをあてどもなく歩き回る。フィールドワークは人類学徒の「通過儀礼」などといわれることもあるが、私はその儀礼の入口でうろうろ彷徨《さまよ》っていたのである。日に日に寒くなっていくなか、なぜこんなたいへんな場所に来てしまったのだろう、と心の底から思っていた。ただ、ラサの空だけはいつも、突き抜けるように青く透明だった。気づいたときにはよく空を見上げ、その奥行きのなかに心を遊ばせていた。そこだけは自分の居場所があるような気がしたのだった。

それから二年後――。

雨季に入る直前のラサの空

　長くて短いラサでの研究生活が終わろうとしていた。そのころになると、当初あった不安や後悔の念はうそのように消え去っていた。そのかわり、ラサにずっと長く住みたい、親しくなったチベット人たちともっと一緒に過ごしたいなどと思うようになっていたのである。自分でも全くあきれるような変わりようだった。

　いったんは当時所属していたイギリスの大学院に戻ったものの、二〇〇七年、再びラサにやって来た。そしてそれ以後、自分でも思ってもみなかったほど長い年月ラサに住むことになる。先の滞在と合わせると、八年を超える滞在になったのだ。その間、チベット各地に巡礼旅行に行ったり、日本へ一時帰国したりもしたが、私の「ホーム」と呼べる場所は唯一、ラサだけであった。

　この本に収められた種々雑多なエッセイは、ほとんどすべて、この私のラサ滞在のあいだに綴られたものである。

　『聖地の路地裏』というタイトルをつけたのは、私の

ジョカン寺前広場

ある思い入れからである。

ラサには歴代ダライ・ラマの居城であるポタラ宮殿があり、その少し東方に、チベット人仏教徒の信仰の拠り所であるジョカン寺が横たわっている。そのまわりには小さな寺院が点在し、遠くラサを囲む山々の麓にはセラ寺やデプン寺などの有名な大僧院が悠々と取り巻いている。「チベット文化」といえばこれら建造物に代表される仏教文化であろう。しかし、それらはいわばラサの表舞台であり、煌《きら》びやかに装飾され、すでに数多《あまた》の紀行文や研究書などにより我々の耳目に晒《さら》されている。チベット人たちの置かれた困難な政治的境遇とともに。その一方、現代のラサに生きる生身のチベット人について、どれほど我々は知っているだろうか？　彼らの日常について、彼らが本当のところ何に価値を置き、何を蔑んでいるか、目に見えない神仏と生きる彼らの日常世界について、どれほど我々は知っているだろうか。そしてまた、どれだけ知ることができるであろうか。そういう世界はラサという聖地のいわば裏側の世界に属している。そこ

民家に描かれた魔除けの蠍

を私は「聖地の路地裏」と呼ぼうと思う。
ここでいう路地裏とは、ただ単に空間的な意味での路地裏を指すだけではない。チベット人たちのこころの路地裏、彼らの生きている精神の風景をも指す。この書では、彼らチベット人たちの生きている風景のなかを歩いてみようと思う。

チベットに住んでいた八年間、無数のチベット人たち

射し込む光とバターランプ

ネチュン寺にて

が私に温かく接してくれた。自分たちの生きている世界に、ときには優しく手をとって、またあるときには放り投げるようにして私を導いてくれた。僧侶や尼僧、日本語を学ぶ若者たち、インド帰りの者、共産党員、元政治囚、遊牧民、起業家、ラマ、シャーマン、巡礼者、そして物乞いたち……。様々なバックグラウンドの様々な個性を持ったチベット人たちと交わり、チベット文化に肌で触れていくうち、普段我々がイメージする「チベット仏教」や「チベット人」、「中国による抑圧」だけではおさまり切れない、ざらざらとした世界がどんどんひろがっていった。聖と俗、伝統と現代化、信仰と政治、慈悲と欲望……これら矛盾したものが激しくぶつかり合いながら、万華鏡さながらに私を魅了し取り込んでいったのである。

そういったチベットの圧倒的な呪術に罹《かか》っていたせいであろう。ある日気づくと、「なにかを研究しよう」とか「調べよう」などといった気持ちを、いつのまにか私はどこかに置き忘れてしまっていた。ただただ、チベットに住むひとりの異邦人として、ラサの宗教世界・民族世界のなかを漂うようになっていた。無意識のうちに限りなく〈受け身〉になっていたのである。そしてラサでチベットに関する文章を書くときにも、「なにかを書こう」という気持ちよりも、内側からこみ上げてくるものを「なにかしら書かされている」というような感覚が不思議に強くなっていく。

レヴィ＝ストロースは、自身の神話研究の著作について説明するなかで、本を書くとき「自分の本を書くのだという感じをもたない」などと言明したあと、次のように述べている。

……私は以前から現在にいたるまで、自分の個人的アイデンティティの実感をもったことがありません。私というものは、何かが起きる場所のように私自身には思えますが、「私が」どうするとか「私を」こうするとかいうことはありません。私たちの各自が、ものごとの起こる交叉点のようなものです。交叉点とはまったく受身の性質のもので、何かがそこに起こるだけです。ほかの所では別のことが起こりますが、それも同じように有効です。選択はできません。まったく偶然の問題です。（『神話と意味』）

本書に収められた文章のもとになったブログや新聞記事（＊）をラサで書いているとき、私はこのレヴィ＝ストロースの言明に近いような感覚を抱いていた。私はたまたまこの時代に生き、ふとしたことからラサに住みチベット人と交わるようになり、彼らの日常を見聞きすることになった。すると私自身の奥底から、なんらかの妄想やら着想がこれまた偶然に誘起され、それが外部世界に投影され、私自身のリアルなラサ体験となっていく。そして、そのときたまたま、文章を書くという機会が与えられ、日本語空間に落とし込むことによっ

ラサの私立小学校の子供

バルコルを練り歩くチベット人巡礼者たち

「ダライはチベット社会を乱した大本の根源である」 チベット大学にて

てその体験がさらに深まっていく。この本のもとになった文章をラサで綴っていたとき、私自身は何らかの「交叉点」、何かが起きる「場」であった。

その「交叉点」のなかでもひときわ鋭く私を貫いていたもののひとつが、「(たまたま)日本人であること」だった。そのエレメントは、約一世紀前に私と同じくラサに長期滞在していた河口慧海、多田等観、青木文教、矢島保治郎(**)らの残した著作のなかにもはっきりと見て取れる。体験の強度からいえば、彼ら先人たちの過ごした凄まじく濃密な時間と私の牧歌的遊学は比べるべくもない。が、一世紀以上前のチベット人が日本をチベットと同じ「仏教国」だと思いを馳せつつ、日本人に対してまるで同胞のように接してくれていたこと、そして、彼ら先人たちがそういうチベット人たちといかに深く関係を築いていたかを知るとき、チベットの精神風景を歩く我々日本人のありようが時代を超えて透けて見えてくるような気がするのである。

日本人は、欧米人や他のアジア人とは違って、自分たちチベット人と「(宗教的にも感覚的にも)同じものをもっている」(チッパ)、そして、「どこかしら似ている」(ジャボ)――日本人に対してそういった親近感がチベット人たちのあいだにゆるやかに流れている(＊＊＊)。そこでラサに住む日本人は、異質な民族世界を体験する〈アウェイ感〉を常に感じながらも、どういうわけかチベット人といるととても安心する、まるで故郷に帰ってきたようにホッとする、といったような〈ホーム感〉を抱くようになる。この相反する二つの感覚が、歴史を超えてチベット文化に深く関わる我々日本人のひとつの特有なトーンになっているように思える。

「政治的な苦境のなか、ダライ・ラマに対する信仰を貫く信心深いチベット人たち……そこに我々は心を動かされる」とはよく聞かれる。実際にそうである。しかしながらこれだけでは、なにか大切なものが抜け落ちてしまっているような気がする。それは、極めて日常的なものでかつ具体的なもの、と同時に、チベット人の精神の奥底にあるなにかとしか語りえないもの。そのなにかは、当たり前に表面に露出し過ぎて、いつもはとくに意識されないものでもあり、またあるときには、普段は巧みに隠されているものの、ふとしたときにその姿をそっと現わすものでもある。もし、そういうものに近づけるとしたらどんなに楽しいであろうか。そしてどれほど我々は勇気づけられ、教えられることであろうか。

そういうラサの裏側の世界――路地裏の世界――は、我々外部の人間にはアクセスしにくい構造となっている。実はチベット人でさえ、意識にのぼることは少ない。そこで残された数少ない道のひとつが、レヴィ＝ストロースのいう「交叉点」になることだと思うのである。自分の心のなかに、どれだけ「他者」を通わすか、異なる世界を交錯させるか――。これは、精神の風景などといったものを捉えようとするとき、そして、そのなかから少しでもリアルなものに近づこうとするとき、最も有効であるように思われる。

このエッセイ集はそのようなアプローチにゆだねながら、チベットというどこまでも伸びていく、ゆったりとした時間の流れのなかで紡ぎだされた。そして、もうお気づきだと思うが、この本はチベット文化を整理して、網羅することを目ざした解説書の類ではない。時系列的に並べるとか、内容的に細かくまとめるようなことはしていない。時とともに「変わっていくもの」と「変わりにくいもの」があるとすれば、後者のほうにできるだけエネルギーを注いだものとなっている。


このエッセイの原稿を宗教書に詳しい友人に読んでもらったとき、「これは夜中に書かれたものですね」と温かくも鋭い指摘をもらった。ところが実をいうと、ほとんどの原稿は朝のうちに書いたのだった。朝起きてバルコルを一周巡り、それから近所の茶館に行ってチャンガモ（スィート・ティー）をすすり、トゥクパ（チベット麺）を食べ、その帰り道にあれこれ考えそのまま原稿を書く、ということをしていた。ということで、この書は「ラサの朝の産物」である。

ラサの朝の空気はいつも、なんとなく希薄で冷たい。もしそれが、夜の夢の残り香をそのままそっと凝固させてくれたのだとしたら、この書はラサの夜の産物だともいえよう。

朝の覚めた意識か、それとも、夜の夢の戯れか——。

いずれにせよ、私はラサを感じるまま文章に変換しただけであった。

バルコルの路地裏の朝

（＊）本書は以下の三種の文章から抜粋し、一部改変・加筆したものである。「チベット万華鏡」（中外日報・連載記事　二〇一一年五月―二〇一四年三月）／「ラサは今日も快晴」（風の旅行社・現地駐在員ブログ　二〇〇七年四月―二〇一四年一月）／「チベットに聖地を求めて――天空の霊場巡礼――」（共同通信・連載記事　二〇〇九年一〇―一二月）なお、本書に掲載されている写真はすべて著者によるものである。

（＊＊）河口慧海（一八六六―一九四五）禅宗の一派、黄檗《おうばく》宗《しゅう》の僧侶。チベット語で書かれた仏典を求め、一九〇〇年、日本人で初めてチベット入りを果たす。生前、彼の言動は世間に物議をかもしたが、主著『チベット旅行記』はチベット文化に関心のある人々にとって必須図書だろう。／矢島保治郎（一八八二―一九六三）探検家・軍人。チベット政府の高官たちに篤く信頼され、チベット軍の軍事教官などを務めた。／　多田等観（一八九〇―一九六七）西本願寺・大谷光瑞の命によりラサ入りし、ダライ・ラマ十三世の庇護のもとセラ寺で約十年間修業をする。日本のチベット学の発展に深く貢献した。著書は『チベット滞在記』『多田等観全文集』など。／　青木文教（一八八六―一九五六）多田と同じく光瑞の命によりラサ入りし、バルコル街に居住しつつ、ラサの人々の風俗や文物を収集・記録した。著書は『秘密の国　西蔵遊記』『西蔵の民族と文化（近代チベット史叢書）』など。

（＊＊＊）本書第六章「日本人神話」参照。

第一章　バルコルの聖と俗

祈りのリアリティ

私が住んでいる宿は、「リンコル」と呼ばれるラサの有名な巡礼路沿いにある。朝暗いうちに起きて門を出ると、まるで河の流れのように、大勢のチベット人たちが絶え間なく左から右に流れている。片方の手でマニ車を回し、もう片方で数珠を繰り、そして祈りの言葉を一心に唱えながら、すごい勢いで目の前を通り過ぎていく。暗がりで見るその光景は、まるで信仰の塊そのものが流れているかのようである。

ラサの祈りの中心地・ジョカン寺（大昭寺）――。古代インド由来の釈迦牟尼像を御本尊として祀り、チベットに仏教が伝わって千数百年ものあいだ、チベット高原を包み込む大聖地として、貴賤僧俗を問わず信仰を集めてきた。その寺院の前では、朝夕熱心に五体投地をする人々で溢れかえっている。地方から大勢の巡礼者のやってくる冬には、それこそ〈祈りの大空間〉と化す。チベット人の頑《かたく》ななまでの純粋さが目の前に悠然と繰り広げられているその様は、たとえ仏教徒でなくともこころ揺さぶられる。

ところで、チベット人がとくに巡礼に熱心な日というのがある。部屋のなかにいても窓の外から流れてくるツンとしたお香の匂いで、その日であるとすぐ分かる。たとえば満月、新月、そして上弦の半月の日などに巡礼をすると、功徳がより多く積めると信じられており、チベット人たちは意識的にそのような日を選び、バター灯明を捧げ、お香をもうもうと焚くのである。また毎週水曜日は、インドに亡命しているダライ・ラマの「魂の日」（＊）とされ、縁起をかついでわざわざこの日を選んで祈禱するチベット人も少なくない。チベット人もただ信仰深いだけではなく、祈りがしっかり実現するよう日取りを注意深く選んで参拝するのである。

祈りの中身は、現世利益のものから密教の観想まで様々である。そのなかでも最も切実な祈りはやはり、「来世」についてであろう。「畜生《ちくしょう》や餓鬼《がき》ではなく、来世も人間に生まれ変われますように」。熱心なチベット人仏教徒たちは、六道輪廻《ろくどうりんね》（＊＊）の世界を肌身でリアルに感じている。ちょうど我々が、地球という惑星が自転をし、太陽の周囲を回っているという科学的事実を「知っている」のと同じような認識レベルで輪廻を捉えている。つまり彼らにとって生まれ変わりとは、信仰の問題などではなく、厳粛な事実《ファクト》そのものなのである。もちろん、ダライ・ラマが観音菩薩の化身であるという教えも同じく事実なのであり、聖性の極みである彼がこの地上に奇跡的に顕現していることに、現代のチベット人はこの上ない幸せを感じている。

そして、チベット人の生きている世界をことさら深いものにしているのは、こころや祈りといったものが自分の生きている輪廻の世界に直に働きかける、という生々しい感覚である。そこに彼らの信心深さの秘密がある。祈りとは神仏の力を借りつつ成就を願うものであるが、実のところは、自分が生きていくための力を自ら蘇生させる「誓い」のようなものにも近い。チベット人はそれをいわないまでも、身体でよく知っている。彼らの祈りは生きとし生けるものにどこまでも向かいつつ、自ら生きていくことにそのまま繋がっていくのである。日本では祈りといえば、死者への弔いや初詣など儀礼的なことで行なわれることが多いのかもしれないが、チベットでは、祈りは普段から人々の生きる糧となっている。

祈りの日常——。それがラサの路地裏の日常である。

（＊）「魂の日」（ラサ）は自身の干支で決まっている曜日で、当人にとっての吉祥日である。巡礼などなにか新しいことを

ジョカン寺境内（ナンコル）で五体投地をする巡礼者

始めるのによい日とされる。またこのほか「敵日」（シェーサ）と呼ばれる曜日があり、当人の生命力が落ちているので、呪いはこの日にかけてやると最も効果的だといわれている。

（＊＊）六道とは、天界、人間界、阿修羅界、畜生界、餓鬼界、地獄界の六つの世界を指す。人間を含め生きとし生けるものすべてが、自身の因業（善悪の行ない）の度合いによりこれらのうちひとつの世界に生まれ変わるとされる。

小さなお寺のカウンセリング

最近よく通っている近所の小さなお寺がある。ほとんど無名なのだが、毎日数百人以上もの信者が訪れる非常に活気のあるお寺だ。

ずっと以前から私は、このお寺の奥で細々と行なわれている、ある宗教儀礼がとても気になっていた。それである日のこと、私はいつもの朝のバルコル散歩の帰りに、何気なくこのお寺にふと立ち寄ったのだった。

「心の治癒」の儀礼

そして邪魔にならぬよう、遠くからその儀礼をそっと眺めていた。すると僧の一人が私を認めて、「そばに来て座って見たら？」と笑顔で声をかけてくれたのだった。以来彼らと懇意になり、ちょくちょく遊びに行くようになった。

お寺の雰囲気に慣れていくうちに、自然に私は彼らの雑務を手伝うようになった。加持祈禱の依頼者にバター茶をだす、お賽銭を整理して計算する、供物の販売を手伝う……。巡礼者が多くお坊さんたちが忙しいときには、信者たちの様々な祈禱の依頼を代理で請け負ったりもした。お昼過ぎには、一仕事を終えたお坊さんたちとともに、御本尊の観音菩薩像の下で、油っこいが妙に美味い野菜炒めとパサパサご飯を食べながら世間話をする、という具合である。

お寺という場所に長くいると、改めて気づかされる事がひとつあった。お寺にはほんとうにいろんな人が集まってくる、ということである。仕事のないヒマな若者たちが、ふらっと遊びに来てはお堂の掃除や肉体労働などを手伝う。物乞いの子供がまるで日課のように、ツァンパ（＊）をもらいにやってくる。見知らぬ漢民族の女性信徒がふと現われては、僧侶たちのために夕飯を作ったりする。

最も多く訪れるのは、様々な悩みやトラブルを抱えた人々だ。お坊さんはとくに畏《かしこ》まった感じもなく、リラックスした雰囲気で、祈禱の合間に彼らの話を次々に聞いていく。「妻が店の借金を抱えこんでしまって……」「インドのチベット学校に子供を送るのだが、どの学校に送ったらいいのだろう」「兄は内臓が悪く、医者は手術が必要だというのだが、本当はどの程度悪いのだろうか」「娘が東チベット出身の遊牧民と結婚するのだが、どうしたものだろう」。お堂のなかは非常に狭いので、立ち寄った巡礼者たちも一緒にその悩みを一切合切聞くことになる。個々の秘密を尊重するようなプライバシーは一切ない。まるで雑踏のような賑やかな「カウンセリング空間」なのだが、そのチベット的な適当さ加減というか、風通しの良さがなんともいえない。

お坊さんはその内容に応じて、賽子《サイコロ》占いなどをして神託を伺ったり、加持祈禱を勧めたりする。また、悩める信者にバター茶を差し出し、しばらくおしゃべりをして終わる場合もある。しかし実のところ、人々がこのお寺を訪ねる最大の理由は、私がこのお寺に来るきっかけとなった宗教儀礼なのである。それは「心の病を治す」儀礼（＊＊）――。恐怖感を味わう、深く悩む、それで魂が抜けたような感じになり、何もする気が起きず引き籠りがちになる。そういった鬱病のようになった人々が、家族に連れられてやってくる。そこでお坊さんたちは、心を閉ざしたこれらの人々に毎朝相対することになる。

心の治癒の儀礼がこの小さなお寺で行なわれるのは、決して偶然ではなかろう。その儀礼以前に、ここにはいろんな人々を包み込むような、なんというか、心地よい風が吹いているような気がするのだ。その風というのはもちろん、どんなささいな話でも聞いてくれるお寺のお坊さんたちである。人々は彼らに惹かれてやってくる。人類学を研究している私も、彼らから吹き出る風に誘《いざな》われたのだ。「心の治癒」の研究をするところが、図らずもこちらが治癒される側にまわっているような気がする。

そう思いながら、今日も通いに行く。

（＊）大麦から作られるチベットの主食。本書第二章「ツァンパという「民族の記憶装置」」に詳しく説明した。

（＊＊）本書第二章「ラグツェグ」参照。

心を奪っていく物乞いたち

ラサの街を歩いていると、会いたくないが必ず出くわしてしまう物乞い——。若者から年寄りまで、なかには子供連れも多い。外国人や裕福そうな者を見かけては、腰をかがめ、親指を突き出し、「クチクチ」（お恵しください）といいながら近寄ってくる。髪は乱れ、埃っぽい衣服を着て、どこにでも徘徊している。

飲食店にも、これら物乞いたちは何の躊躇もなく入ってくる。チベット人スタッフの多い店では、とくに追い払うことなどもしない。食事をしていると、すぐ隣にやってきては、こちらの心を射すくめるような眼差しとともに「クチクチ」をし始める。そして、小銭を渡すまでは、なかなか立ち去ろうとしない。まるでこちらの良心や慈悲心といったものが試されているかのような気分になってくる。私はおじいちゃん、おばあちゃんの物乞いには施すことはあっても、子供には食べ物を除いて施すことはほとんどない。

こういった物乞いの堂々とした行動には、仏教的な背景がある。チベットでは、弱者や貧しい巡礼者などに

祈禱しながら物乞いをする地方からの巡礼者

財を施すことによって、功徳を積むという考えが強くある。そこで、慈悲心から、もしくは物乞いの執拗さに負けて、施しを与えるチベット人は少なくない。その一方、物乞いの「奇襲」に苛立ち、施すことを拒否する者は、若干の「良心の呵責《かしゃく》」を否応なく抱かされることになる。なんとも複雑な精神のやりとりであるが、物乞いという「他者」と直に対峙して思うのは、彼らは金銭などよりも、心の一部を奪っているのではないか、といった妙な感覚である。それほど物乞いの眼差しは、我々の何かを吸い込んでしまうほど深い暗さをたたえている。

話は変わるが、数年以上前のこと。巡礼路を歩いていると、向こうから非常に美しい五体投地をして近づいてくる巡礼者がいた。姿勢よく真っ直ぐに祈っているその様は妙に神々しく、なにかしらの迫力があった。東チベット出身であろう、体躯が大きい僧侶であった。彼とすれ違うその直前、私は自然にポケットから財布を出して、小銭を握り渡そうとした。もちろん、お布施としてである。そして、私のそのお布施は、受け取りを拒否された。宙に浮いたそのお布施を片手に、私はショックでその場に立ち尽くした。

この僧侶は見透かしていた。私の怠惰な心情を。怠惰にしていたつもりは全くなかったが、私は信仰心からではなく、慣習的・便宜的にお布施を施そうとしていたのである。尊いものに対する自分の不感症を暴露させられたのであった。

ビジネスや契約の関係ならいざ知らず、神仏や僧、そして物乞いなど全くの「他者」に何かを施す、贈るということは、こちらも相応の覚悟や信仰、生き方といったものが求められる。さもなければ、何かとても大切な機会・教えを永遠に失い続けてしまうであろう。

十字路に打ち捨てられたデーモン

ラサの中心街をぶらぶら歩いていると、突然思いがけないものに出くわすことがある。上部の開いた、小さな段ボール箱。そこに無造作に入れられているのは、カラフルな糸でこしらえた幾何学風の小さな凧のようなもの、着物を着せた人形《ひとがた》、そして、あまり見たことのない動物のような妖怪のような形相《ぎょうそう》のフィギュア。極めてデモーニッシュなこれらのモノはチベット語で「ルー」（代替物）と呼ばれる（＊）。悪霊祓いの儀式のあと、路上に打ち捨てられるものだ。

カラフルな糸の枠組みはいわゆる網であり、病気をもたらした悪霊を捕らえるものである。ツァンパとバ

ラサのバルコル近くの三叉路に打ち捨てられた「ルー」

ターで作られる人形は、患者自身を表わし、当人の爪や髪なども一緒にこねて作られる。人形に着せられる着物は、患者が普段着ている服の一部の切れ端から作られ、つまりはその人形は、その人の匂いや邪気を吸い込んだ「身代わり」となっている。そしてもちろん、その横に寄り添う妖怪のようなフィギュアとは、悪霊そのものである。患者の代わりに人形に取り憑くようにと、麦や米などもその悪霊に供えられる。

路地を歩くチベット人たちは、このルーを見るや否や目をそむけ、ある者はツバをペッペッと吐いて足早に通り過ぎる。もちろん、穢れや病気の源が自分にうつらないようにするためである。しかし私などは、好奇心が警戒心を凌駕してしまうので、どうしても近づいて見てしまうことがある。ルーのオブジェの多様さとその色彩、とくにその悪霊フィギュアの放つ妙なリアル感に魅せられるからだ。

あるとき、いつものように近づいていくと、ちょっとこれはやばいかも……、と躊躇《ためら》いがおそった。しかし、その自分の気持ちを無視するように覗き込んでみた。すると、それまで見たことのないような、なにがしかの「いきもの」がかさかさと蠢《うごめ》いているように見えた。

見てはならないものを見てしまった、と思う。そう思った瞬間すでに遅く、また同時に、そのように思うことでさらに多くの穢れを受け取ってしまう。穢れが穢れを呼ぶのである。最初の直感というのはたいがい正しいものだ。

ところでサクリファイス（供犠）は、チベットでは昔から穢れを祓う儀式として行なわれてきた。犠牲となり、負のエネルギーを一身に背負うのは、なにもツァンパ人形だけではなく、羊やヤギなど動物の場合もあり、一昔前までは人間であることもあった。驚くべきは、このような古代的な風習が、近代化著しい現代ラサの路地で、当たり前のように生き残っていることである。

ルーの打ち捨てられる場所というのがまた我々の興味をかきたてる。必ず十字路か三叉路なのだ。そこはどこにも属さず、誰も所有できず、それゆえ、社会性を完全に喪失した場所である。それは、我々の生きている俗世の縁《へり》であり、魔の行き交う空間なのである。

（＊）このルーは、本書第四章で紹介する「ル」（龍神）や「痰や唾を吐く」という意味の「ル」とは異なる。語義の上で繋がらないばかりか、チベット語の綴りもそれぞれ異なる。しかし、チベットの龍神が土に棲む得体のしれない魔であることを思い起こすと、それぞれの「ル」にはある種の共通項がうかがえる。

「円環」と「直線」　交わらないラサの二つの空間軸

世界でも日本でもどこでもよい。長く住んでいると、その土地の独特の匂いというのが少しずつ分かってくるものである。そこに住む人々は、実際にそれを言葉に表わすことはないまでも、その空間からじわじわ染み出してくる微細な記憶・情緒の流れのなかを生きている。

ラサの都市空間には大きく分けて、二つの流れがある。ひとつは円の流れ、もうひとつは直線である。

ラサの円の流れといえば、もちろん巡礼路になる。チベット仏教の世界では、聖なる事物を右回りに周回《コルラ》していくことが、敬意を表わすと同時に巡礼するうえでの習わしとなっている。ラサで最も聖なるものといえば、ジョカン寺に祀られている釈迦牟尼像だが、この像を巡って、聖なる円環（コル）が取り巻いている。

まず、バルコルである。ジョカン寺の周囲を包みこんでいる円環の巡礼路兼物売り街である。これはご存じの方も多いであろう。そして実は、このバルコルの内側と外側にそれぞれひとつずつ円環の巡礼路が存在する。それぞれナンコル、リンコルと呼ばれ、重要な聖回廊となっている。とくに後者のリンコルは、ラサの街全体を覆い尽くす全長約七キロの巡礼路となっており、吉日にはチベット人巡礼者で溢れる。

ラサは釈迦牟尼像を中心に、三重の円環が回転している――。ナンコルからバルコルそしてリンコルにかけて、聖なるオーラが同心円状に拡がっていく感覚が共有されており、内側にいけばいくほど、その磁場の影響を強く受けるようになっている。

ところで、聖都ラサを賞揚する古くからの謂《い》われがある。「空には法輪の八つの輻《や》、大地には蓮の八つの花

ジョカン寺

びら」。天は法輪、地は蓮の花で祝福されている場所という意味なのだが、ここでも円環のイメージが見事に反映されている。円環は人々によって意識され、意識されることで渦を巻き、中心に向かって精神が集まっていくような構造をしている。

これに対して、ラサの空間における「線」といえば、二十世紀後半に建造された大通りとなる。そこには「民族路」、「江蘇路」、「北京路」といった支配者側の名が堂々と付けられている。古代より漢民族は広く真っ直ぐな道を好む性癖があるが、ここでは彼らの徴《しるし》をラサの伝統空間に刻み付ける欲望が強く感じられる。また、ポタラ宮殿の前には、中国共産党の政治式典のための正方形のコンクリート広場があるが、これも過去の権力の象徴のそばに今の権力を刻むという、現代中国お馴染みの空間構成がみられる（北京の故宮と天安門広場を思い出せば、その類似性が分かる）。

直線的な中国の政治空間と円環的なチベットの

宗教空間。繰り返すが、この民族化された空間を人々は積極的に言葉に表わすことはない。だがチベット人にとって、線は「文明」「支配」という大きな傷として刻印され、円環はチベット人の魂の糧として彼らを優しく包み込む。平面上ではこの二つは交わっているが、両者は本質的に交差し得ない。直線と円環の向かうベクトルはそれぞれ全く違う方向を向いているからだ。実は円環は天空を向いている。そこにチベット人の宗教感覚の本質が表われていると思われるのだが、それこそ「大地の匂い」というもので、私はチベット人の習慣に抗って、いつかそれを言葉にしてみたいと思っている。

バルコル市場と「無縁の原理」

ラサの中心街バルコル――。ジョカン寺の周りを巡るこの円環路とその一帯は、ラサ最大の伝統市場であり、昔からチベット人たちの商業空間であった。最近では観光客のお土産物の商店なども建てられたが、今でも地元チベット人たちは、仏具、衣類、食品など生活用品を求めにこのバルコル街にやってくる(*)。

居並ぶ出店には、トルコ石やサンゴ石などのアクセサリー、金色の仏像、五彩色の祈りの旗タルチョや赤紫色の僧服などが並べられ、色彩も華やかだが、集まるチベット人も多彩である。ラサ人はもちろんのこと、四川省や青海省などのチベット人たちも、遊牧民も都会っ子も、買い物に商売に、このバルコルの熱気に吸い込まれてやってくる。

初めてラサに住み始めたころ、私はこの渦巻く商売の熱気に触れて非常に驚いたのをよく覚えている。ジョカン寺というチベット高原の一大仏教聖地を取り巻く周囲には、バルコル街という赤裸々な経済活動の空間が

出店の並ぶバルコル街を歩くチベット人巡礼者たち

広がっているのだ。まさに〈聖と俗〉が隣り合わせになっているように見えたのだ。これは一体どういうことなのだろう？　と。多くの人々の集まる聖地では経済活動が活発になるのは当たり前、と単純に捉えることも可能だが、感覚を澄ましていけばより深いものが仄《ほの》かに見えてくる。

私にはやはり、釈迦牟尼像を御本尊とするジョカン寺の発する不思議な包摂力が、バルコル市場の秘密と深く関係しているような気がする。

中世日本史の歴史学者・網野善彦氏は、市場という「無縁」の空間が発生してきたその秘密を明らかにしてきた（＊＊）。神仏の支配する空間である聖地など、世俗の汚れから隔離され、浄化された場では、物と物の交換が極めて成立しやすくなるという。つまりは、生産された農作物や品々は、いったん聖なる空間（＝超越的な空間）に持ち込まれると、それらを作った人々の人格や土地の匂いが取り除かれ、交換価値という極めて抽象的な存在モードを帯びるようになるのである。いうなれば、聖域内では、売買物をいったん神仏に供物として捧げ、それからその交換物を賜る、という無意識の原理が働くのである。

ポタラ宮殿は、よくラサの中心だと思われがちだが、実は歴史的にはダライ・ラマ政権の中枢であり、政治活動の中心であった。そのような「官公庁」の場では、いかに信仰の対象となる建物であるとはいえ、宗教の中心であるジョカンの周囲に見られるような商業活動の発展は見られない。ポタラが現世にしっかり根を張り、チベット高原の統治機構として長年機能してきたのに対して、ジョカンは、地域を超え貴賤を超えて、様々な仏教徒たちを包み込むという、その開放的な精神（＝空間）が市場の誕生に深い影響を及ぼしたものと思われる。単に、バルコルは巡礼者が集まりやすいから市場ができた、といった皮相的な見解では、「聖の空間性」の本質を捉え損ねてしまう。あの釈迦牟尼像の前では、あらゆる穢れは洗われ、俗なる縁の結ぼれも解きほぐされ、人も物も「真っ白」になり、つぎの新しい次元に向かって放たれていくのである。


（＊）ただし二〇一二年の年末以降、写真にあるような出店はすべて当局により強制撤去され、バルコル北東にある商業ビルのなかに無理やり押しこまれてしまった。バルコルでは屋内店舗はかろうじて残っているものの、チベット人による抗議デモ防止のため派出所や身体検査場などが随所に設置され、かつてあった独特の雰囲気は急速に失われつつある。

（＊＊）たとえば『増補 無縁・公界・楽』（平凡社ライブラリー　一九九六）など。

茶館のアンスロポロジー

世界中のどの街にも、地元の人々の憩いの場というのがある。その和んだ雰囲気に、我々外からの来訪者も

茶館で賑わう人々

茶館の定番：トゥクパ、漬物、そしてスイートティー

また吸い寄せられていく。ラサではそれは、間違いなく茶館であろう。

ラサの茶館は、チベット人の祈りの中心であるジョカン寺周辺や、リンコルと呼ばれる巡礼路沿いなどに点在している。長い巡礼路を歩き、何百回もの五体投地をおえたチベット人たちを暖かく迎えている、オアシスのような存在なのだ。

巡礼者だけではない。商人や役人から物乞い、婦女子や学生、博打打ちまで、茶館に集まってくる。朝から夕方まで、職業や社会的立場を異にするチベット人が和気藹々《わきあいあい》と一堂に会している。そして興味深いことに、まるで「民族の結界」となっているかのように、漢民族はほぼ皆無である。彼らがこわくて近寄れないほど、なんとなく無政府的な空気が漂っているせいかもしれない。

「チベットの伝統」だと語られることの多い茶館であるが、その歴史は案外新しい。二十世紀初頭、イギリス軍がラサに駐屯していたときに広まったものなのだ。はじめのころには、茶館でチャガモ（スイートティー）を喫するチベット人は、チベットの近代化を推し進める急進派や軍人などが多かったようだ。そのため、彼らの台頭を毛嫌いする保守的な支配層は、茶館を急進的な勢力の「たまり場」のように見なしていたようである。

そして現代でも、茶館はそのようなエスプリが蒸留される場となっている。一九八〇年代後半にはラサでは多くの抗議デモが勃発したが、その決起の会合は茶館でよく催された。また、ダライ・ラマの動向など外国の情報が入りにくいラサでは、過去数十年以上にわたって、茶館がその「危険な」政治情報を集め伝えるアンテナのような役割を果たしていた。

そういうアウトローな気の流れは、なにも政治方面だけではない。茶館に一日中入り浸る同胞を揶揄《やゆ》する、ある謂われがある。「資本金のない商人、車を持っていないドライバー、僧院から追われた坊主、客のいないツアーガイド、離婚したばかりの男女」云々。つまりは、社会的に属する場所がない、住む場所がない、食っていくあてがない、そういう人間が集まる場所だというのだ。

物乞い、賭博好き、政治の話好き、暇人、そして巡礼者……。そういう「社会の外側」にいる人間をも包み込んでくれるラサの茶館。

ヤクの骨のダシがきいたチベット麺トゥクパをすすり、食後はチャガモを喫しながら、このアジール（境界的）な茶館に心身を溶け込ませる……。なんとも享楽的なひとときである。

ある日、インドポップスをラジカセにかけながら「流し」の踊りをやっているチベット人のオカマちゃんに出くわしたが、彼女も茶館なら自分になれる。

「茶館の人類学《アンスロポロジー》」は尽きない。

古代が露出する岩

その岩山には、無数の神仏が刻まれている。観音菩薩、薬師如来、ターラ菩薩、そしてチベット仏教の聖人たち……。「オムマニペメフム」（＊）などの真言も鮮やかに彩られ、我々の眼を楽しませてくれる。その場所の名はサンゲドゥンク。「千仏」という意味である。

ポタラ宮殿の南西に薬王山（チャクポリ）と呼ばれる岩山がある。この岩山は、古来より「文殊菩薩の魂」が宿るとされ、その智慧の神にあやかってか、以前山頂には伝統チベット医学を伝える施設があった。今ではその建物も取り壊され、醜い電波塔が立っている。しかし幸いなことに、その岩山の裏側は近代化の浸食から護

サンゲドゥンクで祈りを捧げる信者たち

られている。聖域サンゲドゥンクが広がっているためである。

サンゲドゥンクは、あまたあるラサの信仰空間のなかでも最も聖なる場所のひとつである。巡礼路沿いにあることもあり、縁起のよい日取りなどには地元人がたくさん訪れ、熱心に五体投地の祈りを捧げている。彼らは家族や近親者が亡くなると、その者がよりよい転生ができるようにとの願いから、この岩山に神仏を刻み描き、経文や祈禱文の彫られた石板を捧げる。その石板はいつしか積もり積もって今では巨大な仏塔となっている。

またその仏塔近くには、懺悔《ざんげ》の告白が刻まれた石板も散見される。「不空成就如来《ふくうじょうじゅにょらい》様に帰依致します。犬猫を殺してしまった穢れと罪をどうかお許しください」。さらに、悪霊払いのマントラ石板もある。「溢れ出る一百もの呪いの口、一千もの呪いの口、その心を追い払え、病を追い払え、敵を追い払え、争いを追い払え！」。これは、悪評や噂話を悪霊の仕業とみるチベット人らしい祈禱文ともいえるが、周囲の人々の自分に対する羨みの気持ち、嫉妬の念を祓うための一種の魔除けである（**）。

サンゲドゥンクは、無数の神仏とマントラで信者を温かく包みこみながら、来世への祈禱と現世の懺悔、そして悪霊払いのパワーを包摂させた一大浄土空間といえよう。

ところで先日、このサンゲドゥンクを歩いているとき、チベットの聖地にみられるある特徴がふと心によぎった。それは「ランジュン」である。ランジュンとは、神仏の姿や聖人の使われた法具などが、奇怪な形の岩山や石に「自然に顕われる」という聖なる現象である。チベットの多くの聖地にはこれら「自然の顕現」で溢れかえっている。

サンゲドゥンクにある神仏や真言は、「人が描いたもの」である。ランジュンではない。もちろんそれはチベット人自身も心得ている。しかしながら、大勢のチベット人巡礼者が一斉に祈禱するこの聖空間にいると、まるでチベット人の信仰心に岩や石が自然感応し、聖句や神仏を顕現せしめているようにも見えてくる。そこでは自然発生であろうが、人が描いたものであろうが、本質的にはあまり関係がないように思える。

仏教聖地であるサンゲドゥンク。ここで思い切っていったん仏教から離れ、聖なる岩＝ランジュンに対する信仰に注目すると、岩石に執拗なまでに「聖なる徴」を刻み込むチベット人の信仰の射程が垣間見えてくるような気がする。それは、岩や石に対する畏れや慄《おのの》きといったものである。

仏教がインドからチベットへ伝わる以前、古代チベットにおいては、奇怪な形の岩や湖など自然の事物に神霊が宿るとされていた。ボン教などの原始信仰である。そこから眺めてみるとサンゲドゥンクという岩の霊場は、このチベット土着の信仰と外来宗教である仏教が、鮮烈に交錯した場所のように見えてくる。仏教の仮面をかぶってはいるが、「チベットの宗教」(Tibetan Religions)(＊＊＊)というより深い枠組みをそえることで、その仮面に隠れた太古の魂が見えてくる。

チベットの精神の古層は、現代ラサのあちこちに露出している。

(＊)チベットで最も広く信仰されている観音菩薩の真言(マントラ)。ダライ・ラマが観音菩薩の化身であることから、ダライ・ラマへの信仰をも同時にあらわしている。

(＊＊)この風評、悪評を広めるとされるチベットの悪霊は「ミカ」と呼ばれる。直訳すると「人の口」。このミカを駆逐するための祈禱や風習に関しては、拙論「悪霊ミカ祓いの祈禱書 *Mi kha'i bzlog 'gyur* 校注」(『国立民族学博物館研究報告』38(1): 91–118 (2013))を参照されたい。

(＊＊＊)チベットの宗教といえば仏教だと思われがちだが、実情はもう少し複雑である。チベットに仏教が導入される以前にはボン教(ポン教)という原始宗教があり、教義や体系を整え、現在でも東チベットやネパールなどでその法系が伝えられている。この他にも欧米の研究者のあいだで「民間信仰」(folk religion)、「名無しの宗教」(nameless religion)などと呼ばれている、チベット土着の信仰風習が根強く残っており、右のミカはこういった信仰のひとつである。

悪霊祓いとおみくじは家族一緒に

大晦日の差し迫ったチベット暦の十二月二十九日。西洋暦でいうと毎年二月頃になるのだが、新年を迎えるにあたり、この日の夜はチベット人にとって非常に大切な時間となる。伝統の年越し行事があるのだ。

ラサの中心街で「穢れ」を燃やす

とはいっても、お寺や僧院などで執り行なわれるような大袈裟なものではなく、家族全員で楽しく和気藹々と行なわれる、極めて家庭的な「儀礼」となる。チベットの節分の鬼払いである。

ツァンパ（大麦を炒って粉状にしたもの）にバター茶を混ぜて粘土状の小さな塊を作る。その塊を自分の頭のてっぺんから足のつま先までまんべんなく擦り付ける。普段から病んでいる箇所はとくに念入りに。そうすることによって一年のあいだ身体に溜まった穢れや悪霊の類をその塊に押し込めるのである。そのときの注意は、決して額にその塊を触れさせないこと。穢れとともに、功徳まで持っていかれてしまうからである。そして最後に、左手でその塊をギュッと握って自分の指の跡を刻み込み、穢れの注入完了となる。

家主が藁《わら》の束の先に火をつけ、呪文を唱えながら家中の部屋を廻る。煙で家のなかに棲む悪霊の類を燻《いぶ》すのだ。そして、家族全員の穢れの塊を入れた箱を持って家を飛び出し、爆竹を鳴らしながら村の境界の外まで走って行き、その箱を打ち捨てて燃やすのである。ラサの中心部では、住宅や寺院が連なっているので「境界の外」などというものはない。そこで、十字路やY字路など「誰にもどこにも属さない場所」にその穢れは捨てられる。そういう場所は悪霊の棲み処であり、邪悪なものが出入りする場所とされているのだ。そして家へ帰る途中には「絶対に振り返らず、家の方向だけを見て一直線に帰るように」忠告される。もし一瞬でも振り返れば、打ち捨てた悪霊が戻ってきてしまうといわれている。

家に着いたらやっと夕食、家族皆でグトゥクと呼ばれるチベット流「年越し蕎麦」を食べることになる。厳密には蕎麦ではなく、山梨県の餺飥《ほうとう》のようなものなのだが、小麦を練って作った団子状の塊が各自の碗に入っており、その団子のなかに入れられている物で新年の運勢を占ったり、戒めをもらったりするという遊び心満載の食事なのである。

「唐辛子」が入っていると「あなたは毒舌なので、来年は発言に注意しましょう」、昆布巻きのような塊があると、チベットの経典の形状に似ていることから「あなたは信心深い人です」、また「紙」が出てくると、風の流れで紙はあちこちに飛んでいくことから「あなたは落ち着きがありません、気をつけましょう」といった具合である。私はこれまで何度もこのグトゥクをチベット人と食べてきたが、冗談好きの彼らが盛り上がらないはずがない。

地域によって大晦日の時期は若干異なるが（*）、家族皆で穢れを祓い、グトゥクを食すという伝統は、今でも廃れていない。家族思いのチベット人らしく一家《いっか》団欒《だんらん》のなか、新年を迎えることになるのである。

（＊）たとえば、中央チベットのシガツェ地区では春の到来が早いことから（それゆえ、畑の作付けが早い）、ラサの一カ月前に新年を祝う習慣となっている。そのため、配偶者が自分と違う出身地の場合、年に二度、家をあげて正月を祝うこともある。もし、彼らが漢民族の友人・知人から春節のお祝いに招かれる場合、「年に三度」の新年を祝うことになる。これはラサでは珍しいことではない。

サカダワ狂想曲

ラサが一年で最も祈りの熱気に包まれるとき――。それは間違いなくサカダワであろう。

サカダワとは、チベット暦の四月のことである。その十五日の満月の日に、お釈迦様がご生誕され、悟りを啓かれ、そして涅槃に入られたとチベットでは信じられている。日本でいうところの「涅槃会《ねはんえ》」である。四月に入るや否や、地元チベット人たちは巡礼路に繰り出し、お香を焚き、祈りを捧げ、できるだけお釈迦様の教えに近づこうと襟を正すのである。

まず、肉食の禁忌があげられる。チベット人は俗人から広く僧侶にいたるまで大の肉好きであるが、このときばかりはヤク肉や羊肉を食べるのを控える。巡礼路沿いのレストランの表玄関には、「白料理各種あります」の張り紙が貼られるが、白料理とは赤い肉に対して、ヨーグルトやバター、小麦などの食物を指す。サカダワのあいだ、多くのチベット人たちは一斉に「にわかベジタリアン」になるのである。

チベットでは、肉食は本当はよくないとの通念はある。しかしながら、気候や風土などの影響もあり普段は高僧でさえ肉を食すこともある。ダライ・ラマでさえそうである。日本人の感覚からすると破戒行為であるが、

羊と巡礼路を歩く

サカダワの夜

逆に日本の僧侶が堂々と妻帯しながら寺院を構えていることをチベット人に語ると、これまた驚かれるのである。仏教の教義を超えた、精神風土の差異がここに見える。

さて、サカダワでは不殺生のほか、お布施も奨励される。巡礼路沿いには田舎から集まった物乞いたちが連なり、信心深いチベット人は彼らに惜しみなく金銭を施す。サカダワのクライマックスである四月十五日の一日だけで、ラサの就労者の平均月収ほども施しを受ける物乞いは少なくない。物乞いたちは数珠つなぎになって巡礼路沿いに並び、彼らのあいだには仏具売り、マニ車修理屋などの露天商も現われ、なにかとラサの巡礼路は活気づくのである。

また不殺生ということで、家畜の屠殺場に行き、羊を買い取り、その羊と一緒に巡礼路を歩く老人たちもいる。鮮魚市場では、魚を大量に購入し、ラサの池や河に逃がす者もいる。仏教の教えでいうところの「放生《ほうじょう》」である。しかし愚かしいことに、ここぞとばかりに魚商人たち——ほとんどは漢民族——は、逃がした魚を再び捕獲しては、値段を数倍以上にもつりあげてチベット人たちに売りつける。なんとも趣味の悪い寸劇を見ている気分になってくる。

しかし、サカダワの期間最も心に残るのは、やはりあの祈りの光景であろう。私は先日、辺りを埋め尽くすほど大勢の人間が、夕立の降りしきるなか、泥まみれになりながら五体投地を続ける様を目の当たりにすることがあった。それも若者ばかりであった。

あの場にはなんというか、何かとてつもなく大きな力が働いていた。荘厳さが大音響で流れ続けているような感じといったらよいだろうか。仏教に携わっているすべての人々に、ラサのサカダワを直に体験してほしい。本当にそう思う。現代化・中国化で破壊されたチベット人アイデンティティなどと報道されることも多く、そ

自動小銃を持ってバルコルを練り歩く五人組の武装警察

れは事実なのだが、こういう巨大な光景を目の当たりにすると、チベットは将来間違いなく蘇生していくように思える。

バルコルという六道世界を歩く

この地上は六道（＊）の住人で溢れているという。チベット人が教えてくれた。

いま住んでいるラサの宿から歩いて三分。そこには祈りの風景が広がっている。遠方から来たチベット人巡礼者たちが、早朝から一心に五体投地を捧げている。この場所で、自分の来世のため、生きとし生ける者のため祈禱を捧げるのが、無上の悦びなのである。彼らはもちろん欲望ある生身の人間であるのだが、このときだけは菩薩の慈悲に感応し——つまりは菩薩のようになり——他者のために身心を捧げる。まるで神仏のように、彼らは祈りに満たされるのだ。

そして、この天界のような空間に、どかどかと土足で踏み入れる人々がいる。大勢の観光客である。別に観光が悪いといっているのではない。しかしながら、ある者はカメラ片手に祈禱者のすぐ目の前に行き、なんの躊躇もなく写真に撮る。祈禱というものが一体どういうものか分かっていない無明《むみょう》(＊＊)の人間といってよい。祈禱者を写真に撮るというのは、他人の「心のはだか」を掠《かす》め取るということであり、こういう観光客たちは自分の犯している罪に自覚がない。

また彼らは観光ガイドによって、そばのお土産物屋に連れて行かれる。漢民族であれチベット人であれ、貪欲なガイドがいるもので、背後でお土産物屋と結託し、質の悪い仏画や仏像を「お布施だから」といいながら法外な値段で売りつける。彼らを見ていると、金に飢えた餓鬼そのものだなと思えてくる。その正体を見抜けず、人間界からやってきた無垢な観光客は、知らず知らずに悪行の加担をしていく。

そして最後に、数年ほど前から新たな六道の住人がこの空間に加わった。「武装警察」という皮をかぶった地獄の番人である。彼らは、チベット人たちが再び大規模な抗議行動に立ち上がらぬよう、自動小銃を手に編隊を組み、力で威嚇する。「治安維持」のため、チベット人巡礼者はラサへ入るのを徹底的に制限されているが、それを潜り抜けてきた者を捕らえては尋問していくのである。

そう、ここはラサの聖の中心、円環巡礼路バルコル。もとは仏教空間であったが、そこに観光空間が重なり合わされ、そして最後に軍事空間が上からかぶさってきた。ラサほどの赤裸々さで宗教・観光・軍事が同時存在するような場所は、世界のなかでも非常に稀有であろう。

ところで、この六道さながらのバルコルに、数年前からとんでもない暴力が加えられた。バルコルに入るすべての者に、身分証提示、そしてX線検査が課せられるようになったのだ。「テロ」を警戒してのことらしいが、まるで国際空港のようなものものしさでチベット人を聖地から遮断している。

あえて想像力豊かにこの情景を捉えてみる。バルコルという六道に入れなくなった、入りにくくなったということは、「転生できなくなった」ということである。転生できなくなった魂はどうなってしまうのか？　それは決まっている。亡霊になっていくのである。そしてその亡霊は、チベット人の心の襞に棲みつくようになる。こうして、バルコルから暴力的に排除された彼らの信仰心は、怨讐の生霊になっていく。そもそも、自分の家、自分の聖地に入るために身分証を提示しないといけない世界がどこにあろう。この事実を凝視しない大無明者がいるのである。

（＊）天界、人間界、阿修羅界、畜生界、餓鬼界、地獄界の六つの世界。この世界に対するチベット人たちのリアルな感覚に関しては、本章「祈りのリアリティ」を参照されたい。

（＊＊）仏教の真理に対して無知であること。それゆえ、我執にとらわれていること。チベットのお寺の本堂入口そばに描かれる六道輪廻図では、「杖をついた盲人」として描かれる。この絵に象徴されるチベット版「無知の知」は、仏教の教えの入口であろう。

第二章　チベット人のフォークロア

ツァンパという「民族の記憶装置」

「ツァンパ」と呼ばれる食べ物がある。大麦を炒り焦がし粉にしたもので、チベット人の伝統的な食べ物である。栄養価が高く保存が効くので、チベット高原では非常に重宝されている。

チベット人はよく、そのツァンパをバター茶と混ぜて食べる。半乾きの粘土のようになったツァンパを手でぎゅっと握り締め、唐辛子などをつけて口にほおばる。すると、なんともいえない香ばしい食感が口のなかに広がる。日本でいうところの「麦こがし」、「はったい粉」といったものと似ており、年配の日本人の方が食すると懐かしい気分になってくるようである。

ツァンパは常食として食べられる一方、非常に腹持ちがよく携帯しやすいということで、巡礼旅行にも欠かせないものとなっている。遠方の聖地にフィールドワークに行ったときなど、「チベット語をしゃべっているのに、ツァンパを食べないでどうするのだ」などと、見ず知らずの巡礼者たちに諭される。そして、彼らが自分の故郷から持ってきた自慢のツァンパをたらふく食べさせられるのである。

赤ちゃんからお年寄りまで親しんでいるツァンパであるが、実はチベット人にとっては、単なる常食以上の意味合いが込められている。ツァンパは日本人にとっての米と同じく、大切な供物として神仏に捧げられるのだ。巡礼路などにある巨大な香炉のなかに、人々はスプーンで掬《すく》ったツァンパを祈りの言葉とともに投げ入れていく。その白色の色合いから、真っ直ぐな信仰心を表わしているなどともいわれる。ツァンパは信心深いチベット人巡礼者にとって、最重要なシンボリック・フードといってよいだろう。そして実は、もうひとつ大切

ツァンパとバター茶を混ぜ、練り固めたものを唐辛子につけて食べる

な意味合いがツァンパには込められている。
時は半世紀前の一九五九年。ダライ・ラマがインドに亡命し、チベット人たちが中国の支配に対して決起した年である。この当時、農牧生活を送っていた多くのチベット人にとって、現代的な意味での「国家」や「民族」の概念はほぼ皆無であった。広大なチベット高原では長いあいだ、「チベット人」という意識よりも目に見え肌で触れ合うことのできる地元人同士の連帯意識が非常に強かった。地域ごとに固まりすぎてバラバラなそのチベット人たちに、中国に対する決起の行動を広く呼びかける言葉として選ばれたのが「ツァンパを食す者」であった(*)。団結することの難しいチベット人であったが、ツァンパという食文化のコードは、偏狭な地元主義の垣根をいとも簡単に越えることができる。
二〇〇八年三月にチベット全土で勃発した抗議行動は、我々の記憶にも新しい。勃発当初、ラサのジョカン寺の前に集まった群衆のなかからは、ツァンパの入ったザックを背負ったチベット人が現われ、「ツァンパを食べる者よ、集まれ！」（ツァンパサニェン、ペーショー！）の掛け声とともにツァンパを配っていたという。今のラサをみると、四川料理など漢民族の料理を好む若い世代は増えてきているものの、チベット人のあいだの民族意識も微妙に働き、ツァンパのリバイバル運動も起こってきているのも事実である。

ツァンパは多くのチベット人にとって、いわばナショナル・アイデンティティを喚起させるもの、過去と現在、そして未来を繋ぐ〈民族の記憶装置〉のような食べ物なのである。そしてさらには、ツァンパは神仏に対する重要な供物としてチベット人の伝統的な宗教心をも刺激する。ツァンパという食べ物は腹持ちがよく、耐久性に優れているが、それはどこか深いところでチベット人の反骨精神、そして篤い信仰心と繋がっているのではないか、という妄想は許されよう。

（＊）Shakya, Tsering (1993) "Whither the Tsampa Eaters?" in *Himal* Sep/Oct, 1993

グルリンポチェの予言、ハリウッドの予言

ラサでよく知られた予言がある。大行者グルリンポチェ（パドマサンバヴァ）が、今から千数百年前に説いたといわれているものである。それは二十世紀のチベットを予言するものであった。

顔にほくろのある人間が、チベットの首都を掌握し、

心地よい日光の注ぐ天窓に陰がさす。
午・未・申の三つの年に、漢の軍隊がやってきて、
陽の水中の年には、ヤルルンに軍営が建設され、
ついに、このチベットは漢の下に入ってしまう。

まず、顔にほくろのある人間とは毛沢東のことである（彼の肖像画を思い出されたい）。ヤルルンとはチベットの古名であり、午・未・申の年である一九五〇年代半ばに中国軍がチベットを掌握することを予言している。この予言、チベット人のあいだで大変よく知られているもので、一千年以上も前に生きていた聖人の説いたその正確さに、彼らは一様に驚くのである。

チベット人はおそらく、大の予言好きな民族だといってよいだろう。自分の将来や来世に関する予言から、チベット密教文化のコアにいたるまで、予言や占いといったものが頻繁に顔をだす。

そういった予言のなかで、最も魅惑的なもので、最もチベットの宗教史に深い影響を与えてきたものといえば、活仏の転生に関するものであろう。たとえば、詩作に長けたタントリスト（密教行者）であったダライ・ラマ六世（一六八三―一七〇六）は、次のような謎めいた詩を生前残していた。

白鶴よ、私に羽をかしてください。
遠くは行きません。
リタンを回って帰って来ますので。

多くの予言を残した八世紀の大行者、グルリンポチェ

広くチベット人に知られた詩であるが、これは同時に自身の来世に関する予言でもあった。ダライ・ラマ六世は政争に巻き込まれ夭折するが、予言通り七世として東チベットのリタンの地に転生し、ラサに無事帰還したのである。

ところで、チベット人の予言に対する飽くなき嗜好は、二十一世紀のこの現代、チベットの文化や歴史の枠組みを超えて受け継がれているようである。エピソードをひとつ紹介しよう。

二〇一〇年頃よりラサに巡礼に来るチベット人が激増した。その多くは東チベットや青海省のチベット人である。農閑期である冬には、ジョカン寺の周りにある巡礼宿は非常に活気づくようになった。家族単位でやってくる場合が多いが、なかには村ごと総出で繰り出す巡礼団もいる。実はこの巡礼ブーム、青蔵鉄道など交通網の急整備もその背景にあるが、あるハリウッド映画が彼らの心を摑んでいた。

『2012』(監督：ローランド・エメリッヒ)。この映画はマヤ文明の予言通りに、二〇一二年に世界が滅亡へと導かれるストーリーであるが、物語の後半にはなんとチベット人僧侶が登場し、パニックに陥る大衆に人間性を目覚めさせる役割をになう。この映画を観たチベット人たちは半ば疑いながらも、「二〇一二年に世界が滅んでしまうなら、その前にラサ巡礼をしたほうがよい」などと、まるで自分を納得させるかのようにしてラサにやってきていたのだ。

「歴史的事実」や「科学的真実」といったものよりも、物語や神話などといったものに価値を置くチベット人らしい行動であるといえよう。しかしながら、この「2012ブーム」はすでにピークを過ぎたようで、人々は新たな予言を待っているような気がする。

ことわざの世界

諺や格言といったものは、古今東西どの民族であっても、普段はそっと隠されている本心や精神性などといったものを鮮明に映し出すものだ。チベットの場合もむろん、例外ではない。一般のメディアや学術論文などではあまり語られることのないチベット人がここにいる。ここでは、ラサの道端でよく聞かれる興味深い諺のいくつかを紹介したい。

谷ごとに異なる方言があるように、ラマごとに異なる教えがある。

善意をもって解釈すれば、チベット仏教の教えの多様性ともとれるが、この諺は明らかにラマ（チベット仏教の高僧）に対する揶揄《やゆ》ともとれよう。仏教の教えは元来ひとつであるはずなのに、ラマ自身の誤解か不理解か、はたまた自身の宗派に対する固執のためか、ラマの説く教えが互いに矛盾していることを突いているのである。

物事の理解は、神仏と同じようでなければならない。
しかし我々人間の行ないは、俗世の理《ことわり》に沿わなければならない。

この諺は、信心深いチベット人の裏と表、理想と現実を如実に表わしているものといえよう。神仏のごとく

ロサール（チベット正月）に民族衣装に身を包む

行動するのが仏教的には崇高なものだとは了解しながらも、欲望渦巻く俗世間で生きていくためには、チベット人であっても現実との妥協が不可欠なのである。

三毒を積み重ねるな、とラマは言う。が、その当人は何でもし放題！

チベットのサイコロ賭博遊戯の、掛け合い歌のひとつである。この歌はいうまでもなく、身近にいる生臭坊主に対する風刺、非難であろう。人間の最も根本的な煩悩である「三毒」――貪り、怒り、無知――（＊）を滅せよとラマはいうが、そのラマ当人は、やりたい放題やっているという、どこの国にもあるような有様に思わず苦笑してしまう。

さて、最後に紹介する次の諺はどうであろう。

遠くに住んでいる親類よりも、
近所にいる仇敵のほうが頼りになるものだ。

日本にも同じような諺があるが（遠くの親類より近くの他人）、「仇敵」というところに注意してほしい。地震に遭う、洪水に遭う、暴徒に襲われる……。そのような危機のときは遠くにいる親類よりも、隣にいる敵のほうが、よほど役に立ってくれるという処世の教えである。モンゴル、清朝、そして現代中国など、近隣の巨大な力に翻弄され続けてきた複雑なチベットの歴史を思い出すと、その深い意味合いがうかがわれる。

チベットの人々の多くは、熱心な仏教徒であることは疑いようがない。しかし、仏典や説法の言葉だけで彼らを語ろうとするのは間違いであろう。ユーモアや風刺に見られるしたたかさと余裕を保ちながら、これまで生きてきたチベット民族なのである。ここに彼らが培ってきた大きな資質がある。生真面目で小さくなってしまった日本人が学ぶべきところも多いのかもしれない。

（＊）仏教の用語では、貪瞋癡《とんじんち》。六道輪廻図の中心に描かれる鶏・蛇・豚は、この貪瞋癡を象徴する。ちなみに、この三毒を克服し解脱した如来は、六道輪廻図の外側（たいがいは輪廻図の右上）に描かれることが多い。また、ダライ・ラマのことをチベット人たちはギャワ・リンポチェ（字義通りに訳すと「勝利の活仏」）と呼ぶが、これは「三毒に勝利した活仏」という意味である。

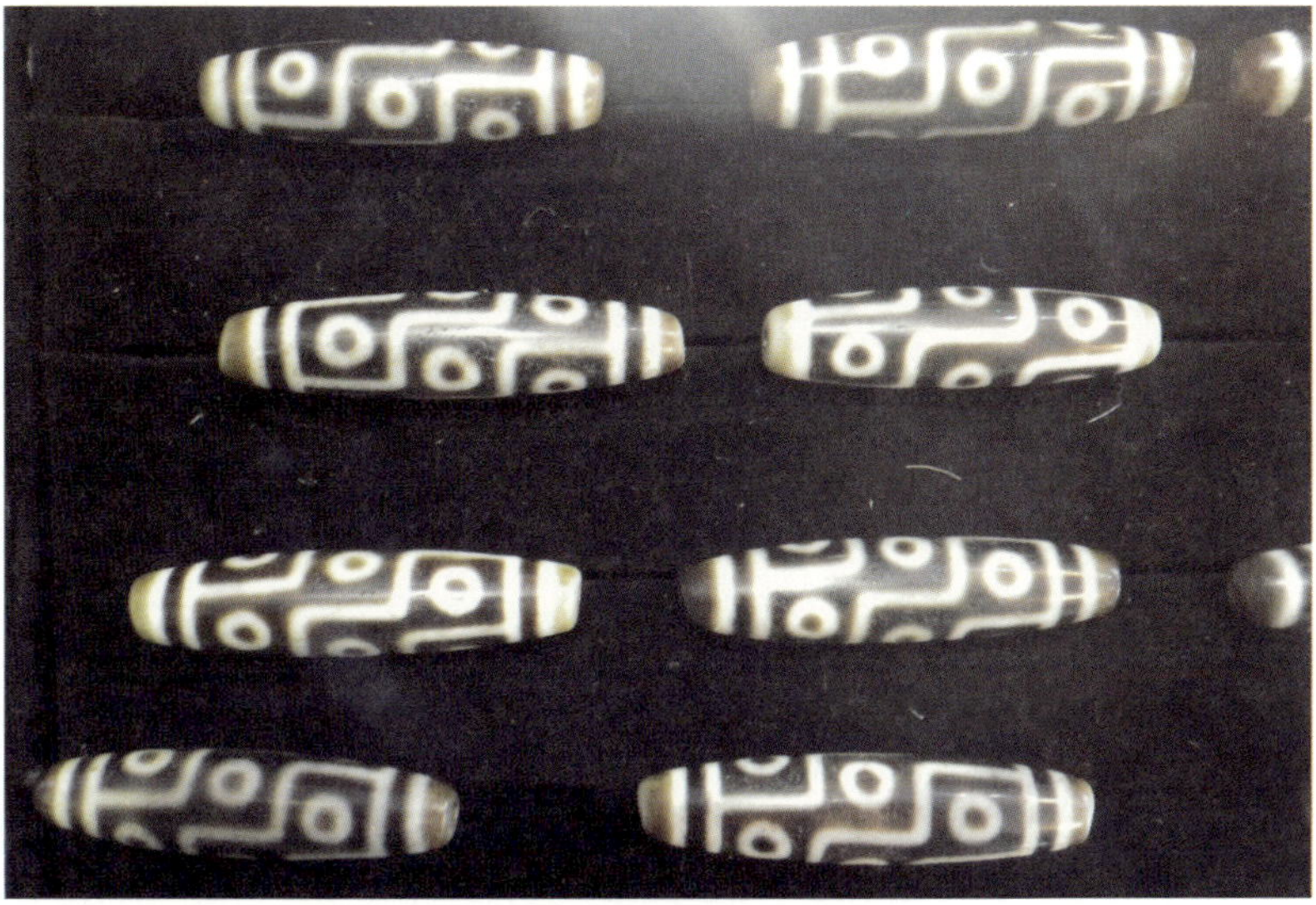

本物は一個数百万から数千万円ほどもする天然のスィ（天眼石）

チベタンジュエリー・フェティシズム

チベット人は非常に宝石好きである。執着があるといってもいい。本物でも偽物でも、さも大切そうに身につける。しかし、宝石とはいっても金や銀やダイヤモンドのことではない。チベット人にとって宝石《ノルブ》とは、古代から伝わる「聖なる石」を指す。

まず朱色に輝くサンゴ石。指輪につけるような小さなものから、頭飾りにする直径五センチほどにもなる塊まで、大きさは様々だ。歴史的にはペルシア方面から伝わったらしいが、チベット高原でも太古の昔には採れたといわれる。平均標高四千メートル以上にもなるチベットでサンゴ石が「採れた」のは不思議に思われるが、実はヒマラヤ山脈のあるエリアは数億年以上前には海の底であった。それでアンモナイトなど海洋生物の化石などが発見されるのである。そのせいか、チベットで見るサンゴ石のほとんどは輸入物であるにもかかわらず、どこかしら古代的な匂いを漂わせている。

一方、最も人気のあるチベットのノルブといえば、トルコ石であろう。この透き通るような青色は、手にとって見ているだけで心が洗われるような気分になってくる。トルコ石はチベット人の間で「魂の石」として非常に重宝され、肌身離さず身につけられる。別の箇所で紹介したが（*）、非常な苦悩や驚愕《きょうがく》、肉体的苦痛を経験すると、「魂の一部が身体から離れてしまう」というチベット人独特の精神の病がある。しかし、トルコ石を身につけていると、危険な目に遭いそうなとき、魂の「身代わり」として割れてくれるという。トルコ石は持ち主にとって、いわば「魂の守り神」なのである。

ところで、チベットの民俗世界には、サンゴ石やトルコ石を超える、ノルブのなかのノルブと呼ばれる宝石がある。「スィ」と呼ばれるもので、近年日本でも「天眼石」として知られるようになった。奇妙な文様の入った瑪瑙《めのう》の一種であり、長さ五センチほどの楕円形状をしている。その表面には小さな円が複数刻まれ、それはこの石の「眼」なのだという。スィの種類によって、眼は三つ、六つ、九つなどとあるのだが、九つあるものが最も「強力」とされる。我々に危害を及ぼす悪霊や、周囲の人々の邪視（**）を遮る力があると深く信じられている。

伝承によるとスィは昔々、チベットに棲む土地神や阿修羅（***）によって造られたという。また、天から降ってきた隕石のなかから出てきた「昆虫の一種」だともいわれる。そして最近では、宇宙人によってもたらされたなどと、まことしやかに語られている。

その真偽はともかくも、日本のデパートで売られている綺麗に磨かれた球体の天眼石とは異なり、チベットのスィはその柔らかいようで硬い手触り、そしてその文様の不思議な幾何学具合がいかにもアルカイックな感じがする。

最近は台湾などで瑪瑙を原料として、人工的にスィが造られるようだが、やはりチベット人にとっては「天然モノ」が一番である。神霊の力でこの世にもたらされ、まるで意志のある生き物のように自ら「眼」を持つようになった……。このような昔からの言い伝えは、信心深いチベット人たちを心底ぞくぞくさせる。チベタン・ジュエリーとは自然の不思議な力の顕現であり、いうなれば我々人間と同じく生きているのだ。その生き物＝宝石は、奔放なチベットの人々の心を古代という無限の時間の彼方へ放っていく。


（＊）本書第二章「ラグツェグ」を参照。

（＊＊）邪視（evil eye）とは眼差しによってかけられる呪いの一種であるが、スィの表面にある「眼」がその邪視を跳ね返すといわれている。チベットの邪視は一般に、悪意や嫉妬のそれである。

（＊＊＊）仏教の神であるが、一種の俗神である。嫉妬と怒りに狂う好戦的な神とされ、現世で戦いにあけくれると、来世ではこの阿修羅の棲む世界に生まれ変わってしまうといわれる。チベット語で「ラマイン」というが、これは「神に非《あら》ざる」の意味。

自虐ブラックジョーク

「笑い」というのは、とても興味深い所作である。その種類や志向も多様ながら、文化によって大きく違う。チベットの場合はどのようなものであろう。

ポタラ宮殿前に掲げられた「チベット和平解放60周年」の垂れ幕（2011年）

最近聞いた笑い話は、ラサの街並みの変化を揶揄《やゆ》するもの。二〇一一年年末以降、ラサの中心街には、突然多くの派出所が設置された。むろん「治安」を整備するためらしいのだが、治安といってもラサの場合はチベット人を監視するという意味合いが強い。不穏な者を手当たり次第に捕えて聴取し、反中国の暴動が再び起きないよう防ぐのだ。

その派出所の表側は、人目を引くようなガラス張りにできている。そのため、中にいる警官が外から丸見えなのである。監視の威嚇のためなのだろうが、そばを歩く地元の人々にとっては、檻のような部屋に入った警官を逆に眺める格好にもなる。そこである日、ふと誰かが派出所を「動物園の檻」に譬《たと》えた。それ以来人々は、この檻には可愛い熊がいるだの、あの檻には醜いゴリラがいるだのと小声で冗談をいい始めたのである。

街並みを揶揄するといえば、ポタラ宮殿の正面に広がる大広場。昔から住んでいた多くのラサ人が強制移住させられ、「チベット自治区成立三十周年」を記念して建設されたものだ。普通のチベット人の感覚からすれば、この政治色の強い広場には決していい気持ちはしない。だが、建設当時いいはやされた冗談はこのようなものである。「中国よ、どうもありがとう！　これで将来ダライ・ラマがラサに帰ってきた暁には、この大きな広場でカーラチャクラ（＊）ができる！」。

これをなんといってもいいであろう。ダライ・ラマがラサに戻れるのは、万分の一にもあり得ないほどの現状である。よくイギリスなどで聞かれるような、一種のブラックユーモアであることは確かだが、ただそれだけではないような気もする。

これは、私の友人の話をするともう少しはっきりするかもしれない。彼は二十年前、チベットからインドへ亡命した。自身の教育のため、仏法を学ぶため、である。そして再びチベットに戻ってきて普通に暮らしていたが、あるとき地元の公安から突然呼び出されて、お前はインドにいるあいだ政治活動をしていた、などと身に覚えのない宣告をされ、半年間刑務所に入れられたのだ。

彼は笑いながら私に語る。「俺はなんてラッキーな男かと思う。何も罪を犯していないのに、刑務所に入れたんだ！　普通は強盗や殺人など重罪を犯さないと入れない。こんな簡単に貴重な刑務所体験ができたなんて、ははは！」。

今この文章を書いていてつくづく思うのだが、文字だけではこの笑いの微妙なニュアンスを伝えるのは非常に難しい。実はこのジョークは、ひねくれた精神から出てきたものでもなく、逆境に打ち勝つたくましい心から現われ出たものでもないからである。

それはいうなれば、何か大切なものを徹底的に剝奪された人間というのは、ここまで無防備になり得るのか、といったある種「宗教的」ともいえる何かである。これは誇張ではない。悲劇を笑いに転送することによって、日常の常態のなかに落ち込ませると同時に、その笑いがさらにその体験の戦慄の深みへと我々を誘うのである。

(＊) カーラチャクラ(時輪)とは、チベット仏教における密教教義のひとつである。一般的には、スピリチュアルなエネルギーを授ける灌頂の儀礼として知られている。密教の灌頂は、ある一定の修行を修めた者にしか与えられないものだが、このカーラチャクラだけは例外とされ、広く一般大衆も受けることができる。ダライ・ラマは「世界平和のため」多くの国々でこの密教灌頂を行なっており、亡命チベット人、中国在住チベット人はもちろん、多くの外国人信者もその恵みを享受している。

色のスピリチュアリティ

チベット文化は、よほど色彩というものに対して独特の感覚を育ててきたように思える。日常の生活のなかでもそれは容易に感じられるが、チベットを旅するとその印象はますます強くなっていく。

極彩色——。これが、チベット世界を特徴づける色といっていいだろう。最も身近な例は、チベット人が身につける色とりどりの御守である。本来御守は、仏教の教えと関係ないものかもしれないが、チベット人は大の御守好きといってよい。魔除けのため、心身を浄めるため、様々な色の糸を組み合わせては虹色の派手なものを作り、首や手首に巻いたり、家の門の上に掲げたりする。

しかしチベットの極彩色といえば、やはり僧院内部の壁画であろう。赤、青、黄、緑といった色彩で、柱や天井は彩られ、家具も華麗なデザイン、そして尊格ももちろん眩しいほどに艶《あで》やかである。民家の部屋まで、内部は色鮮やかな装飾で彩られる場合が少なくない。私が今住んでいる宿の内部も、チベット文様の非常に派手な色合いで溢れているが、それが不思議と落ち着いた雰囲気を醸し出している。

ところで、チベットの伝統文化には色のシンボリズムというものがある。それぞれ色には意味が込められているのだ。たとえば、雪山の色である白は、潔白や純真、幸運などを表わし、僧衣の色である赤は、智慧や高貴さを象徴している。また、深い青は空を表わしているといわれるが、あの吸い込まれるようなチベットの青空に包まれたときの名状し難い開放感や浄化作用といったものと、他方、病苦から救うと信じられているチベットの薬師如来の瑠璃色は、どこか深いところで繋がっているように思える。

中央チベットの古都ギャンツェに、クンブム（十万仏）と呼ばれる十五世紀に建てられた巨大な仏塔がある。この仏塔は八層に分かれ、各層に多くの小部屋があり、極彩色で彩られた尊格が、四方の壁に所狭しと並んでいる。ネワール様式で躍動感豊かに描かれたそれら多くの神仏、その精緻で独創的な様態は、圧倒的に美しく、真に心奪われるものである。

このクンブムは立体曼荼羅となっており、最下層から上に昇っていくにつれて、密教の修行の階梯が（擬似）体験できるといわれている。密教の修行経験のない私には、とてもその世界観を感得することはできないが、密閉された空間のなかで強烈な色彩の生々しい神仏に次から次へ対面していくと、まるで〈神仏万華鏡〉とでもいえそうな、多次元の虹の世界の中を彷徨《さまよ》っている気分になってくる。

チベット人の求める色彩の次元が我々日本人と異なるのは、四季とりどりの美しさに恵まれている日本に比べ、チベットは岩山で覆われており景色が単調なせいだ、などとよくいわれる。それは一理あるのかもしれな

ギャンツェにあるクンブム

いが、やや一面的な気もする。チベット人の華麗な色彩に対する偏愛は、魔除けや浄化、そして精神修養など宗教的な動機とも深く結びついているのは確かだと思われるのだ。荒涼とした自然界には存在しないような極彩色を生活空間のなかに体現させることにより、ある種の〈ハレ〉を身近に置いているともいえよう。艶やかな色合いの組み合わせは、チベットでは聖の生々しい感覚を与えるものなのである。東洋であれ西洋であれおそらく太古の昔、極彩色にはそのような非日常的なエネルギーが宿っていたと思われるが、チベットでは今でもその〈色の力〉はありありと生きている。

「劣り生まれ」と呼ばれる女性

「仏教国」のイメージが強すぎるためであろうか。チベット文化における女性の立場やジェンダーについて議論されることはそれほど多くない

ジョカン寺でマニ車を回す老婦人

（＊）。ここで少し試みてみよう。

他のアジア諸国に比べてチベットは、女性の地位が伝統的に高く、比較的自由だったなどとよくいわれることがある。「チベットでは女は強い」と当のチベット人たちが口をそろえていうのである。しかし、日常に目を注ぐと違った風景が見えてくる。たとえば茶館に集まったり、賭博遊戯に興じたりするのは、つい最近まで男だけに許されていた。また、遠方へ商売に出ていくのも男であり、巡礼など特別な場合は除いて、女は自分の村や谷から外へ出ていくことも少なかった。

女性の地位を示す最も象徴的な例は、女性一般を示す日常語「キメン」であろう。これはなんと「劣り生まれ」という意味なのである。普段何気なく使われているが（＊＊）、明らかに侮蔑語である。

チベットで女性が低く見られてきた背景には、仏教の強い影響があるのかもしれない。女性は男性よりも煩悩が深いうえ、身体的に穢れており、霊性を高めたり悟ったりするなどは非常に困難とされてきたのである。もっとも教えの理想では、男であっても女であってもその良し悪しを決めるのは「こころ」（セム）であるのは、誰もが納得するところである。しかしながら、ラマや高僧もほぼ男性で占められ、身近な悪霊祓いから大規模灌頂までほとんどすべての祈禱は、尼僧ではなく僧のほうが加持の力があるとされてきた。チベット仏教の世界は、圧倒的な男性優位・男性中心なのである。

そのせいでもないであろうが、ラサでは冗談のような女性蔑視の文句が聞かれる。「男百人のうち、悪魔のような人は一人だけ。女百人のうち、女神のような人は一人だけ」（＊＊＊）。なんとも酷いいわれようである。

世俗と仏教のふたつの世界で軽んじられてきた女性たち。だが、精神の地層を少し深く掘ってみると、異質な女性イメージが垣間見えてくる。仏教という男性優位の「文明」が上から降ってくる前、人々がまだ大地の息吹に曝されながら生きていた頃である。有史以前の古代チベットでは、男神と同じかそれ以上に大地母神が猛威を振るい、人々はこれら荒ぶる母神たちを畏れ崇めていた。最も有名なのは、「十二の大地母神」（テンマチュニ）と呼ばれる女神や、古代の風水によって封じられた大地の羅刹女《らせつにょ》（シンモ）である（口絵）。当時、女性はどのような「社会的立場」であったか知る由もないが、男性は「大地＝女性」に対して今とは全く異なった考えを抱いていたと思われる。そして現代のラサでも、ダライ・ラマの守護神であるパンデンラモや、現世利益で多大な霊力のあるとされるタプチラモなど、女神（ラモ）たちはことのほかパワフルである。

神話的なものと社会的なものとを混同し、さらには時代的背景をも軽んじて男女間の関係を語るのは非常に危険である。しかし、チベットの女性に対するイメージを考えるうえで、数多《あまた》のラモたちが長いあいだチベット民族の無意識に刻んできた影響は無視できないであろう。チベット人女性が急速に社会進出している近年、「女性は強い」とのチベット人男性の思いの背後に警戒感や畏怖心のようなものが見受けられるが、これは「女性性」(femininity)というものに対して、チベット人が古来より育んできた精神性の現われのようにも思えるのである(＊＊＊)。そして、もっというならば、男性にとって女性はやはり「未知の存在」なのであろう。ちゃんと覚めた目で女性と対峙できず、どうしても蔑むか崇めるかの、どちらか一方になってしまうのかもしれない。

(＊)もちろん例外もある。たとえば、Gyatso, Janet and Havnevik, Hanna (eds.) 2005. *Women in Tibet.* (Hurst & Company, London) などは先駆的な研究のひとつとして列挙してよいだろう。

(＊＊)それでも最近ラサにおいては、男女問わず意識的に使わないようにしている傾向がある。代わりに「ブメ」という語が女性を指す言葉として使われることがあるが、音だけに注目するとそれは「男ではない」という意味になり、厳密にいえばこれでもまだ差別を引きずっているように思える。

(＊＊＊)民間の信仰や風俗のなかで垣間見える女性の優位性に関して、伝統サイコロ賭博をテーマに考察したことがある。Daisuke Murakami, "Aspects of the Traditional Gambling Game known as Sho in Modern Lhasa — religious and gendered worldviews infusing the Tibetan dice game — ", *Revue d'Etudes Tibétaines,* no. 29, Avril 2014, pp. 245-270.

チベット男はどのような〈愛の言葉〉をチベット女に投げかけるのか?

愛の告白のカタチはある意味普遍的なのかもしれないが、チベット民族特有とでもいえるような〈愛の表現〉が存在する。

最近、私の若い友人から、ラブレターを何枚か見せてもらった。彼女は「ああ、こんなのもらっちゃったよ!」と照れながら見せてくれたのだが、そこには今まで私が見聞きしてきた、チベット男の愛の告白の典型のようなものが散りばめられてあった。

「……前世の縁、カルマによって、僕たちふたりは出遭えたんだよ……この間一人で部屋にいたとき、君の名前を題にした物語を書いたんだ。ああ、君の笑顔、君のことが大好きだ……」「ダライ・ラマ六世の詩や、昔のチベットの諺には、心の内側のことは自分の母親にさえ話してはいけない、などと言われているけど、僕は違うよ。僕はこころの白いままにそのまま誠心誠意、君にすべてを告げてきたし、これからも告げるよ……君もすべてを僕に告白すればいい。君のことが大好きだ……一緒になりたい……」「ああ、君の笑顔、君の宝石のようなふたつの眼、美しく安らかな顔と、君の紅い唇……。君のすべてに僕のこころは奪われてしまったよ……。君は、十万もの芸術作品よりずっとずっと美しい。僕はこのことに絶対の確信を持っているよ……」。

みなさんは、これほどの雄弁さと自信に満ちたラブレターをもらったことがあるであろうか。私はといえば、

女神クルクッラー。この女神の矢に射抜かれると愛欲がかき立てられるという。妖しげな余裕の表情をしているのがなんともいえない（ギャンツェ・クンブムにて）

これほどのものを書いたこともないし、もらったこともない。私が淡白すぎるのかもしれないが、チベット人の激情に比べれば、日本人の愛情表現は控え目だったり、ひねりがあったりで、分かりにくいものが少なくないのではなかろうか。

チベット人の告白表現の特徴をひとつ挙げるならば、仏教用語を多用しているところであろう。「前世」や「カルマ」などがそれである。チベット語の口語には仏教的な表現がたくさんあり、それがそのまま愛の告白に彩りを与えているといえるのかもしれないが、仏教を積極的に使って女性を口説くのは、チベット男の常套手段のような気がする。

また田舎では、一風変わったこのような告白表現もある。「お前は、オレの心臓の脂肪だ」（＊）。なんとも遊牧民らしい、心の臓の一部となった君への、最高級の愛のオマージュといえる。この告白は、肉の脂肪分が重宝されているチベットの乾燥した風土とも関係しているのかもしれない。しかしそれにしても、「お前は脂肪だ」といわれて喜ぶ日本人女性はそれほど多くはいないであろう。

直情的で熱のこもった愛の表現は、実はチベットでは珍しくない。それは昔からチベット人の〈愛のカタチ〉だったのかもしれないが、ここで思い出すのがやはり、あの偉大な愛の詩人ダライ・ラマ六世（一六八三―一七〇六）である。厳しい修行生活が肌にあわず、政務からも僧院からも逃げ出し、酒と女に溺れながら、数多くの愛の詩を紡いでいった異色のラマとして、チベットの歴史のなかでも逸脱した存在である。自身の愛を「民族の言葉」で結晶化させ、後世に与えた影響は甚大で、それが今でも〈チベタン・ロマンティシズム〉に、大きな権威と彩りを与えているような気がする。ここに、彼の詩をひとつ紹介する。

瞑想修行をしているとき、（現われてくるべき）私のラマのお顔はまったく現われてこない。
瞑想修行をしていないときでさえ、あなたの顔は、ああなんとも、
こんなにはっきりと心に現われるのであろうか、ああ！

想像してほしい。僧侶中の僧侶でなければならぬ男に、このような言葉を投げかけられた女の気持ちを。宗教と愛の交錯するチベット人は、チベット宗教文化の矛盾・問題・魅力そのものなのである。

（＊）「心臓の脂肪」は、チベット語で「ニンギツィル」という。英語圏の人々が「ハニー」と自分のパートナーに呼びかけるように、「ニンギツィルー」と、自分の若妻を呼ぶ男もいる。

穢れの思想

チベットの宗教世界は多様である。仏教がもちろん主流となっているのだが、その教義や儀軌にはとうていおさまりきれない「民俗信仰」というものがある。「民俗」といっても侮《あなど》ってはならない。チベット人の生活習慣のみならず、彼らの宗教観や世界観にまで深く影響を及ぼしている。そのうちのひとつが「穢《けが》れの思想」であろう。

他人の衣服を着る、人間や動物の死体に近づいたり触ったりする、気の合わない人と会う、人ごみの雑踏のなかに長時間いる、産後の妊婦に近づく、豚肉やニンニクなどの「汚い」食事をする（＊）……。これらすべての事柄が「穢れ」に繋がるとされ、できるだけ避けるのがよいと考えられている。どうしても避けられない場合は、護符などを携えるか、接触後にお香を焚《た》いたりするなどして身体を浄める必要がある。

チベット語で「ディプ」と呼ばれる穢れであるが、英語では〝pollution〟とか〝contamination〟などと訳されることが多い。しかしこれでは、「汚染」や「不純物」といった意味合いになり、原意を損なってしまう。ディプは物理的なものだけではなく、悪意や罪悪感など精神的な汚れをも内包した幅広い概念であり、日本語の「穢れ」という言葉がほぼぴったり合うと思われる。「汚い」とされているものへの物理的接触のほか、誰しも抱く怒り、欲望といった不浄な心との「精神的接触」でも穢れてしまうのである。他人に嫉妬したり、激昂《げっこう》したり、守銭奴のようになったり、もしくは異性への飽くなき執着などもむろん、身心の穢れ＝ディプの溜まる大きな原因とされている。つまりは、穢れの原因は外界だけではなく、我々の心のなかに宿っている。

「聖地巡礼は穢れを浄化するのによい」。ラサ人に人気のシュクセ尼僧院の聖地

似たようなことは、もちろん仏教でも説かれている。罪を犯してはいけませんと（仏教では罪のことを「ディク」というが、これは「ディプ」と同語源か）。しかし、大きく違うのは、仏教では心の世界、因果応報の世界のなかで語られることが多いが、穢れの思想では、精神的なものと物理的なものが混在したアモルファスな世界のなかで、身体に直に影響を与えてしまうとの鋭い認識がある。日本古来の宗教感覚に少し近いのかもしれない。日本語にある物《もの》の怪《け》の「もの」と物体の「モノ」が同じ音で表わされることを思い出してもいい。ディプにやられること、穢れてしまうこととは、この「もの《モノ》」と同じように、心の世界と物の世界が混ざり合った「中間的」な体験なのである。

　ディプを患った者は、神経系・血管系などの病気を患いやすくなってしまうほか、運気が下がる、悪霊に憑依されやすくなるなど、様々な心身障害が出てきやすくなる。自分で気づく場合もあるが、神託を伺ってやっと分かる場合もある。

そのディプを洗い落とすための対処法というのがいくつかある。最も有効とされているものは、なんと「生活習慣を整える」ことである。飲酒や煙草を控える、十分な睡眠をとる、ストレスを溜めない、心配しすぎない、清潔な服を着る、そして自分の部屋をきれいに掃除するなどである。なんの神秘も霊的世界もない。「聖地巡礼」もラマたちがよく勧める処方箋である。もちろん仏教的な功徳を積む意味もあろうが、ようは外に出て気分を変えて、自然の空気をたくさん吸って、身も心も清めて新しくやり直しなさい、といったメッセージである。我々日本人にも馴染み深い生活感覚が、チベットの伝統的な民俗世界のなかにも見られるのである。

（＊）魚、豚肉、およびニンニクは三つ合わせて「ニャパゴスム」とよばれ、伝統的に禁忌すべき食材とされてきた。しかし近年、中華料理（特に四川料理）の流入のため、チベット人の食生活は大きく変容しつつある。

チベット人の交渉術

ある民族の特徴を知るうえで、ひとつ面白い切り口がある。それは、彼らが「どのように他者と交渉するか」というものである。そういう切羽詰まったところで、性格が無意識に滲み出てくるものだ。

さて、チベット人である。彼らはどのように見ず知らずの他人と交渉するのであろうか。どのように自分の要求を訴え、相手から譲歩を引き出すのであろうか。これは人類学的にも非常に興味深いテーマだ。

民族衣装に身を包んだカムパ（東チベット人）

私はこれまでチベットに長年住むなかで、少なからずチベット人とビジネスの交渉をする機会があった。どれもこれも些細なものなのであるが、それでも彼らの交渉術というか交渉メンタリティーにはある傾向が際立っていたように思う。

それは、相手に自分の内部事情がいかに大変か、困っているかを詳細に長々と話し、相手の「ニンジェ」（慈悲心）に訴えかけようとするものである。こちらにしてみればビジネスの契約のなかで、内部事情をとうとうと話されても、「それはあなたの問題で、私の問題ではない」といいたくなってくるのであるが、それでもチベット人は、「トゥージェーシー」（御慈悲を）とでもいわんばかりに窮状を訴え、こちらの理解を得ようとする。

これはむろん、仏教的な文化背景とは決して無縁ではない。困っている人間に手を差し伸べるのが仏教の教えであり、ある意味「常識」であって、それを実践しない者は「外道」となる。そこで、窮状を訴えられたチベット人は、相手の要求を呑むかわりに、いかに自分が奮闘して相手に慈悲心をふるったか、分からせるようにして借りを作らせるのだ。そうやって、既存の上下関係をさらに強化していく。

お互いになかなかしたたかといえるのであるが、それでビジネスが回っており、欧米・日本のビジネスの世界にある「公平さ」や「合理性」の感覚などは後退していく。

もうひとつ、チベット人たちの行使するものすごい交渉術がある。それは「術」といえるのかさえ分からないもので、チベット人たちの「民族的本能」に近いものかもしれない。

それはこうである。相手がどんなに笑顔で快く交渉していても、ちょっとした仕草や表情などで、本心は全く別のところにあり、計算高い欲望が相手のなかに見えてくることがある。そうなると、こちらも態度が硬化してくるものだ。しかしチベット人たちは、その計算具合がなかなかこちら側には見えてこないことが少なくないのだ。あの独特の笑顔のせいであろうか、茶目っ気のせいであろうか、分からない。それでさらに不思議なことには、どうやら自分自身が計算しているということを、当人でさえよく気づいていないような節があるのである。つまりは本人でさえも自覚していない「生活力」というか「生きる本能」とやらがどうやら無意識のうちに作動しているようなのだ。

これはあくまで私の直感にすぎないが、この「底の底をいく」というか、「無欲の大欲」というか、そういうものがこの民族のなかにはっきりと流れているように思える。それは様々な異民族に翻弄され虐げられながら生きのびてきた、チベット民族独特の処世術なのかもしれない。

チベット人が手を叩くとき

手のひらを上に向け、五本の指先を一点に集め触れ合わせ、洋梨のような形にする。そして「タルカ!」と言いながら、その洋梨を相手に向けて突き出す。するとそれは、「お前には関係のないことだ。黙っていろ」といった意味になる。

ラサに住んでいると、一風変わったジェスチャーに出くわす事が多いが、これはその一例である。洋梨状の手のかたちは胡桃《タルカ》をあらわすとされ、ようするに胡桃のように固く押し黙っていろ、ということなのである。

また、こういうのもある。舌を出しながら、こめかみや頭の後ろを掻くしぐさ。バツの悪い時や、恥じらいなどを目上の人に示すときに、チベット人が思わずやってしまう仕草である。親しみ深く、可愛らしいものであるが、このジェスチャーにはちょっとした謂われがある。

ラサのバルコル街で手を叩きながら悪霊退散の祈禱をする僧侶たち

一千年以上前、仏教がまだチベット社会に十分浸透していなかったころである。当時は、ボン教という原始宗教の勢力が強かった。仏教推進派のチベット人たちは、敵であるボン教徒を探し出すために、あることを人々に強いるようになる。それは舌を出させて頭を見せること。なんでもボン教徒たちは、黒い舌を持ち、頭には角が生えていると信じられていたからである。それから自分がボン教徒でないことを証明するために、舌を出し、頭の後ろを掻《か》くジェスチャーが生まれたなどと年配のラサ人はよく語る。

もうひとつ、大変興味深いチベット人のジェスチャーは、手を叩く動作であろう。我々にとっても馴染み深い手を叩く動作はいわゆる「拍手」であり、それは歓迎や賞賛などポジティヴな意味を表わす。しかしチベット人の場合は全く逆であり、伝統的には攻撃性を示すものなのである。

たとえば、僧侶の問答。問いを投げかける僧は、数珠を繰りながら手を激しく叩き、相手に挑む。チベット人僧侶の問答修行を実際に見たことがある人は分かるであろうが、一種挑戦的なエネルギーがその仕草には感じられる。もっと分かりやすい例は、ラサ中心街・バルコルの路傍で行なわれる、悪霊退散の祈禱であろう。僧侶たちは手をリズムよく叩き、悪霊を脅しながら言葉で諭《さと》し導き、追放していくのである。

また一昔前までは、女犯など戒律を破った僧侶は、白い着物を着せられ、後ろ前に牛に乗せられて追い出されたらしいが、その際、僧侶たちは道の両側に並び、手をパチパチ叩いて送ったという。これはもちろん追い出す僧侶を「祝福する」というひねくれた皮肉の動作ではなく、厄払いの意味合いが込められている。手を叩くことで僧院を汚してしまった罪の穢れを払っているのである。

ジェスチャーという非言語コミュニケーションは軽く扱われがちであるが、無意識の仕草のためか、その土地独特の雰囲気が感じられる。チベットのそれも例外ではなく、ある種の宗教性や合理性さえ垣間見えてくる。とくに最後の手を叩くジェスチャーには、その仕草そのものよりも、叩くその鋭い音によって場の空気を振動させ、滞った気の流れを変えていくといった効果を求めているような気がする（太鼓など大気を震わす楽器も、それを拡大的に目指したものであろう）。この古代的だが誰でもどこでもできる邪鬼の祓い。手の動きのなかには、人間の最もプリミティヴな工夫が現われているものだ。

人の名前は言霊のように

人の名前には、その人の生きている文化が映し出されている場合が少なくない。そこに当人の背負っている伝統なり思想なりが垣間見えるのである。チベット人の名前には何が込められているのであろうか。

東チベットの老人

チベット人の名付け方で多いのは、生まれた曜日をそのまま名前にするパターンである。日曜日生まれなら、ニマ（太陽）、月曜日生まれなら、ダワ（月）といった具合である。チベットでは、生まれ年（干支）と曜日によって、結婚式や引っ越し、祈禱の日時などを選んでいく。そのため、生まれた子供の名前に曜日を刻みつけることは至極自然なことであり、その子供のためでもある。遊牧民などは自分の「誕生日」を知らないことが多いが、「誕生曜日」はきちんと知っているのはそのためだ。

しかし、チベット人の名前で最も多いものはやはり、仏教的なものであろう。なんと、神仏の名前をそのまま与えるのである。チャンバ（弥勒）、ドカル（白ターラ菩薩）、ヤンチェン（弁天）……といった具合に、呼ぶほうも呼ばれるほうもなんのためらいもない。また、仏法に関する名前では、ツルティム（戒律）、ソナム（福徳）、イシ（智）などといったようなものが、堂々と並ぶ。これらは、生まれながらにしての「ホーリーネーム」といってよいだろう。名前負けしてしまうかも、と日本的な感覚が働くかもしれないが、その心配はいらない。実は、名前の意味に「釣り合う」人物となるよう期待して命名するというよりも、名前そのものに親の願いや信仰心を込める、というのがチベット風のやり方なのだ。

そのせいか、田舎では一風変わった名前も存在する。たとえば、シロ（死から蘇る）といった名前がある。自分の赤ちゃんが病気で死にそうだったが、元気になった、蘇ったと、親が喜び祈る気持ちで与えるものだ。この他にも、キキャ（犬の糞）、パキャ（豚の糞）といった日本では考えられないような名前があるが、これらは実は一種の魔除けなのである。周囲の人間や悪霊たちの嫉妬心が、子供に害を及ぼすことがあり、不浄な名にはその妬みのエネルギーを遮断する力があると考えられているのだ。うちの子はあなたが羨むほどのものではないですよ、と。

こうしてみるとチベット人の名付けは、子供を目に見えない世界へと直に繋げていく働きをもつことが分かる。名を与える行為とは、畢竟、この世に出てきた生命体に「新しい存在」を賦与し、その世界のなかで生きていく能力を授けることである。チベット人は自身の名前のなかに、すでに信仰の世界との地続きの感覚が刻みこまれているのである。

ところで名付け親だが、ラマがその役割を担う場合が多い。ラマ自身の名前から一部取って与えられたりする。ダライ・ラマ十四世の本名はテンジン・ギャツォというが、テンジン（仏法を掌握する者）と名づけられている者が多いのはそのためである。そしてまた、チベット文化に深く関わっている外国人も、チベット語の名前をあてがわれることが多い。たいてい、自分の師事するラマやチベット語を教えてくれた先生からもらう。

私もチベット語の名前がある。ラサに住み始めたころもらったものだ。ただ、ラマからではなく、茶館によく入り浸っていたとき、偶然そこで知り合い親しくなった若者からもらったのだ。「あなたは日本語に中国語、チベット語、そして英語ができるからこの名前がぴったりだ」と（結構いい加減に）つけられたのである。半ば呆れ半ば流されながらその名を時折使っているうち、チベット語の名前の大仰さにも慣れていった。

ただやはり、名（＝言霊《ことだま》）の力である。命名するときチベット人は、自分の願いや思いをその名に吹き込む。「ダワ」であれ「ドカル」であれ「シロ」であれ、吹き込まれた者は信仰の世界、目に見えない世界のなかを生かされることになる。私のチベット語の名前はシェーラップ・ギャツォ（慧海）。日々、チベットという「智慧《シェーラップ》の大海《ギャツォ》」を泳がされるわけである。

チベットの笑い話は面白いのか？

ある田舎の村に、おばあちゃんがひとり住んでいました。そのおばあちゃんは、とってもケチなおばあちゃんでした。電気を使うのはもったいないといって、常日ごろから一切使わないようにしていたのです。毎晩毎晩、ろうそくやバターランプで過ごしていました。そのおばあちゃんが、ふとしたことで亡くなってしまいました。すぐにお寺からお坊さんが呼ばれ、祈りの読経が行なわれます。

読経は、おばあちゃんの遺体の前で一日中行なわれました。夕方になって、薄暗くなってきました。お経も暗くて見えにくくなってきたので、お坊さんは部屋の電気をつけました。すると、目の前の遺体のおばあちゃんが、むくっと起き上がるではないですか。そして、お坊さんをにらむなり「こら坊主！　電気を消せ、もったいない!」といって立ち上がり、電気を消し、そしてもとのとおり布団に入ってまた横になりました。もちろん、おばあちゃんは息をしていません。死んでいます(*)。お坊さんは怖くなって、その場から逃げ出してしまいました。

どうであろう。このような話は、ラサの人々のあいだで笑い話としてよく語られる。暇なときに集まっては、自分の知っている笑い話をお互い披露し合うのである。さて、もうひとつ、チベットの風土が感じられるものを紹介しよう。

昔々、男がひとり亡くなりました。チベットでは人が死ぬと、鳥葬をするのが習わしです。鳥葬の儀礼をやるのは「トムデン」と呼ばれる特殊な職業の人です。トムデンは、男の遺体を裸にし、布にくるんで背中に担ぎ、山を登り始めました。鳥のたくさんいる山のてっぺんまで登るのです。山をどんどん登っていくトムデン。しかし、てっぺんまでもう少しというところで、トムデンはバランスを崩してしまい、背中から遺体を落としてしまいました。山道をゴロゴロ転がっていく裸の遺体。チベットの山は岩山です。樹や草がありません。下まで勢いよくゴロゴロ落ちていってしまいました。

ちょうどそのとき、山の下では、裸になって自分の体についているシラミをとっている遊牧民の男がいました。山の上から転がってきた遺体は、その遊牧民の男の上に落ちました。「どかっ!」男はびっくり仰天。そして、とても恐ろしくなりました。なんたって、裸の遺体が上から降ってきたのですから。怖くなった遊牧民の男は、裸のまま村の方に向かって一目散に逃げていきました。

シガツェ近くにある鳥葬場の山

再び山頂のトムデン。彼は遺体を落としてしまったことに途方に暮れていました。「あーあ、どうしよう……」。そして、ふと山の下を見ると、裸の男がすごい勢いで走っているではないですか！「あれー?! 死んだ男が走っている!! そっか、生き返ったんだ！」トムデンは「あんな嬉しそうに走って家に帰るなんて……、よかった、よかった」と思いながら山を下り、村に向かって歩いていきました。そして、遺体の男の女房のところを訪ねました。「旦那さん、生き返ったんだね！ かえって来たんだね、よかったね！」と声をかけると、その女房は「帰ってくるわけないでしょ！ 旦那は死んだんだから！」と怒りだし、トムデンはすっかり訳が分からなくなってしまいました。

どうであろう。この話もなかなかチベット的である。鳥葬、岩山、遊牧民と、チベットの原風景を彷彿とさせるものが散りばめられている。そして興味深いのは、最初の話と同じく〈死んでから事が始まる〉という点である。この二番目の話、確かに滑稽には思えるのだが、正直なところ私はどうしてもチベット人のようには笑えない。倫理的に笑えないというのではなく、ただ単純に「それほどまでに面白いのか？」と思ってしまう。しかし、この話を私にしてくれるチベット人たちは決まってみんな腹を抱え、笑いを堪えきれなくなりながら語ってくれる。この話を聴いているチベット人たちももちろん大爆笑である。

チベット人の笑いのツボは、なかなか奥が深いというべきか、どうしても理解の壁を感じてしまう自分がいる。笑いの感覚というものは、我々が普段感じる以上に文化の境界がはっきりとあるのかもしれない（＊＊）。しかしながら、なかには文化を超えるものが存在するのも確かである。それはやはり、セクシャルなもの――（そしてそれはここでは書けない）。

死や生（性）をみなでコミカルに笑い飛ばすチベット人のセンス。それは人類にどのくらい普遍性があるであろうか。大阪出身の人類学徒としては、とても気になるところである。

（＊）チベット仏教の教えでは、人間は肉体的に死んでも意識（ナムシェー）は数日ぐらいのあいだは身体に残っているといわれている。遺体への読経は、よりよい転生ができるようそのナムシューに向かってなされる。この物語では、ケチなおばあちゃんのナムシューがしっかりとまだ残っていたところに、僧侶の「不手際」でありえない（ありえる）ことが起きてしまったところに面白みがある。

（＊＊）イギリスに住んでいたとき、イギリス人独特の差別ぎりぎりの（もしくは、差別そのものの）ブラックユーモアに閉口するアメリカ人を何度か見たことあるが、同じ英語圏でも普通にこういうことは起きる。人がジョークをつくるが、ジョークはその賛同者を選ぶ。

ラグツェグ

魂が脱け出してしまう病――。チベット人特有の病というのがいくつか存在するが、この脱魂の病もそのひとつであろう。

大きな事故に遭いそうになるが命拾いする。自身に起きた悲しい出来事に苦悩する、驚愕する、そしてひどく心配する……。それがあまりに度が過ぎると、魂の一部がどこかへ消え去ってしまうと信じられている。この病を患うと、物忘れがひどくなり、頭がボーッとした感じになる。また、一カ所に落ち着いて留まることができず、離れていった魂を探し求めるせいか、あちこち歩きまわらねば気がすまなくなる。私はこれまで「魂が脱け出してしまった」チベット人に何人か会ったことがあるが、我々日本人の感覚でいえば、ちょっとした躁鬱《そううつ》の症状、「心ここにあらず」の状態に陥っているといえよう。

興味深いことに、この心の病に対して伝統的な治療法というのが存在する。肉体から脱け出した魂を引き戻す術があるのである。チベット語で「ラグツェグ」と呼ばれる宗教儀式で、字句通り訳すと「魂引き、命引き」と訳せようか。

それはこのようなものである。まず、チベットの占星術によって、脱魂してしまった者の「魂の日」と呼ばれる日取りを割り出す。その吉祥日に、患者は普段愛用しているバター茶の木椀、それと新しく手に入れたトルコ石を携えて、ラグツェグの儀礼場へ赴く。すると僧はバターをこねて器用に羊のフィギュアを拵《こしら》えてくれる。そして、大きな盆にミルクを入れ、その表面に紅花を散らし、トルコ石とバター羊を入れた患者の木椀を、

ラグツェグ儀礼をする僧侶。木椀を浮かべた盆と羊肉も見える

バター茶の木椀に
入れられたトルコ石
とバターの羊

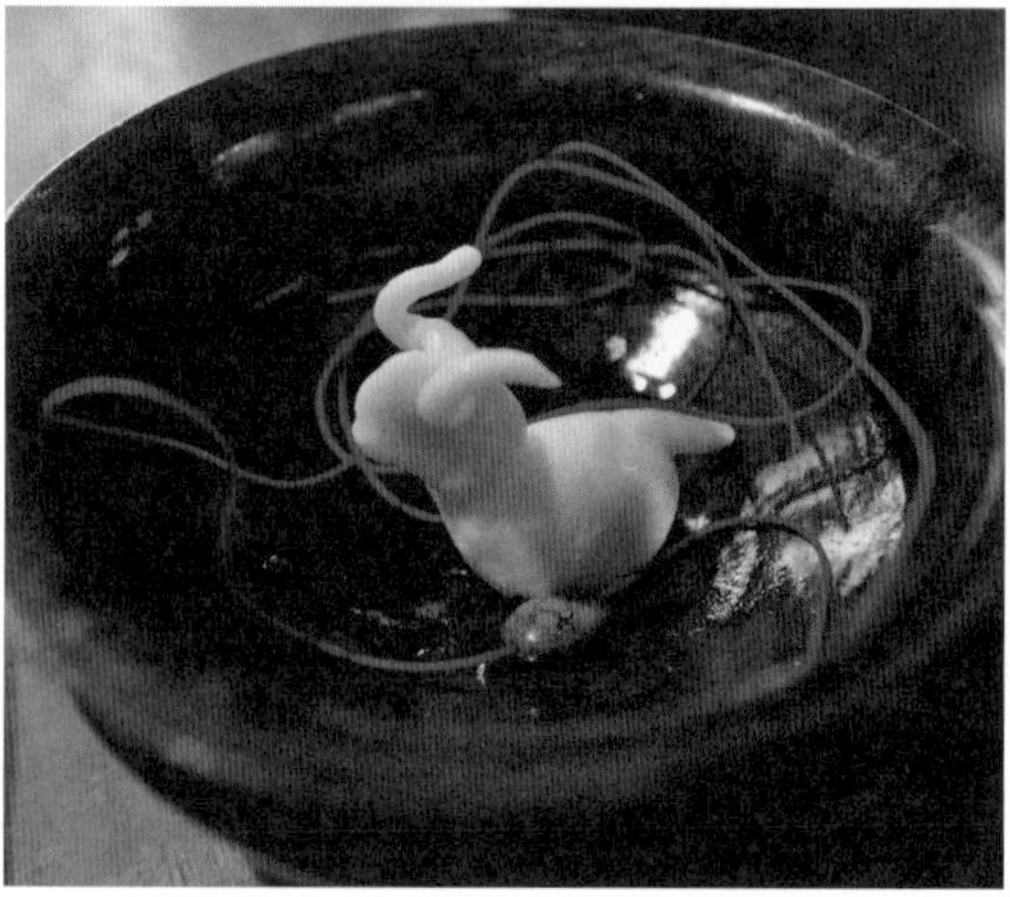

その妖しくも紅白色となった液体の上にそっと浮かべる。盆の横には羊の大腿部《だいたい》分の骨付き干し肉がおもむろに置かれる。男の場合は右足の干し肉、女の場合は左足と決まっている。このようないかにも呪術的な雰囲気のなか、ラグツェグの儀式（治療）は営まれる。

数人の僧侶が読経するなか、「患者」は自分の木椀の浮かんだ盆の前に臨むよう促される。すると、盆を挟んで正面に座っている僧侶が、手でその木椀を右回りに静かに回転させる。なかに入っているバター羊の頭が、患者の方向を向いて止まると魂が還ってきたとされ、ちゃんと向くまで何度でも回転させる。魂がなかなか戻ってこない場合、魂引きの読経は延長して続けられ、さらに、屋上に待機している僧侶が、儀礼用の五色の矢を空に向かって振り上げながら、「某の魂よ、戻ってこーい！」などと祈り叫ぶのである。

ラグツェグの治療が無事終わった後には、魂がちゃんと戻ってきた徴《しるし》として羊のバターフィギュアをそのままその場で患者が食べることもある。バターのナマ食いである。また、儀礼のときに使ったトルコ石を体に身につけるようにアドバイスされるのが常だ。再び魂が脱け出しそうになったときには、魂の宿るその聖石が持ち主の〈身代わり〉となって割れてくれるという。トルコ石を首にネックレスでつけているチベット人は多いが、それは装飾のためというよりも、子供のころに魂が飛んでしまい、ラグツェグを施され、それ以来身につけている場合が少なくない。

ところで、日本語の「たまげる」は「魂消る」と書く。非常に驚いたときに魂の消えるような感覚は、日本人もチベット人も同じなのであろう。決定的に違うのは、その心の処方が身近に存在するか否かである。まるで風邪をこじらせてしまって、行きつけの病院に行くような気軽さでチベット人はラグツェグを受けに行く。そして、どうやら現代ラサにおいては、この儀礼を求めるチベット人は少なくなるどころかどんどん増えていっているようなのだ。古代の風習が色濃く残るこの伝統治療は、急激な現代化が進むなか、まだまだ多くのラサ人に必要とされている。

性の変わる子供、肝臓の堕ちる子供

私の友人の話である。数年ほど前、彼に子供ができたのだが、最近とても困っていることがあるという。女の子なのに性格がまるで男の子みたいなのだそうだ。負けん気が強く腕白で、男の子の玩具を好み、外で飛び回って遊んでは他の子をいじめて帰ってくるという。

これだけなら日本でもよくありそうだ。しかしチベットでは、男の子のような性格の女の子に対してあるお決まりの解釈がある。その友人いわく、「うちの嫁は、妊娠中に腐ったものを食べたようで、それでひどく腹をこわした。それで娘は男のような性格になったんだ」。つまりは、男の子として産まれるはずだったのに、母胎が穢《けが》されたため体が女の子になってしまったというのだ。

この現象をチベット語で「ルンロォ」という。母胎内で子供が男の子として成長していても、何かのきっかけで女の子に変わってしまうことがよくあるのだという。

そして生前だけでなく、生まれた後でも性が変わってしまうことがあるのだそうだ。男の子を産んだ女性に対して別の女性がひどい嫉妬や恨みを抱いたとすると、その子が突然女の子になってしまうことがあるという。つまりは妬みの呪いで子供の性が変わってしまうと。

我々はこれをどう理解すればよいのだろうか。その前にもうひとつ、ここで紹介したい乳幼児の不思議な生理現象がある。それはチンババップ、直訳すると「肝臓が堕ちる」とでもなろうか。

子供が何かの拍子に非常に驚く、恐怖感を味わう、もしくは激しいくしゃみをする。すると、肝臓が体の下方へ「堕ちてしまう」のだという。そのため、体の動きが鈍くなったり、熱がでたりする。なかには「チンババップ」と大人がいっただけで、それを聞いた子供の肝臓が堕ちてしまう場合もあるそうだ。なんとも不可思議な「病気」なのだが、その治療法というのも大変興味深い。

十二支や八卦の図の描かれた円盤状のチベットの御守「メロン」を使って、子供の下腹部を押しこすりながら、堕ちた肝臓を上に上にあげていくのだ。そして聖水をつけた綿を患部に貼り付け、最後のシメとして、子供の脚を持って逆さ吊りにして何度か揺すり、肝臓が元の位置に戻るよう願をかける。この治療を行なうのは必ずしもチベット医やシャーマンである必要はなく、チンババップの治療の得意な人というのがたいがい村に数人はいるという。子供が最近チンババップになってね、近所の誰

チンババップの治療では「メロン」を子供の腹部に当てる

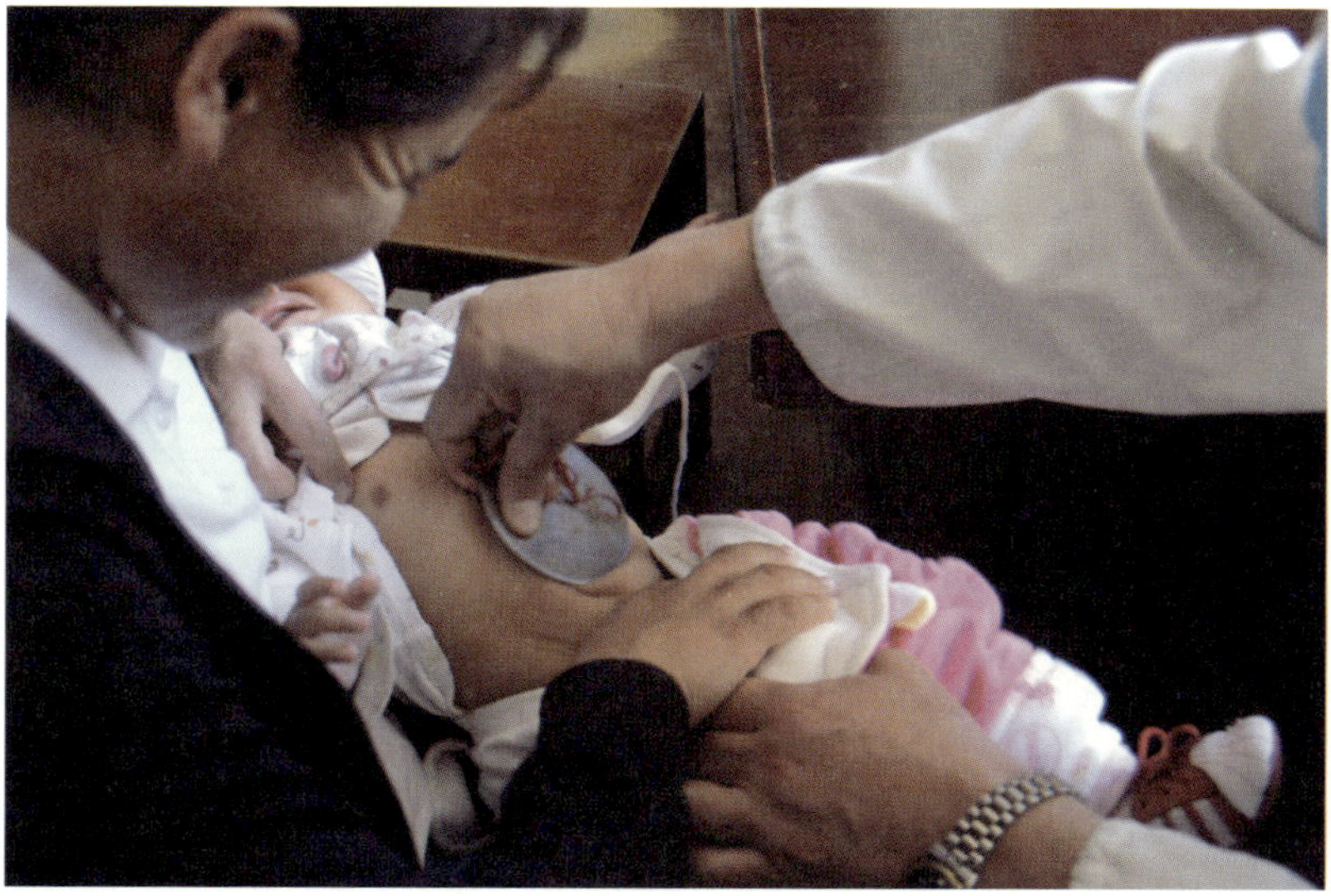

それさんのところに行って肝臓を上げてもらったんだ、なんて話はよく聞く。

これらを西洋医学の観点から迷信だとするのは簡単であろう。また一方で、これらは立派な「チベット文化」だといい切ってしまうのもなんだか無理があるような気もする。おそらく我々ができることは、見聞きしたことがない、理解できないことを我々の常識だけですぐさま「評価」をしないことであろう。「自分は正しいはずだ」とばかりに、他人や異文化に対して「しなくていい審判」をしてしまう愚かさは、自戒してもしきれない。

それにしても興味深いチベットの民間信仰である。こういった領域は、「不思議な」現実をいわば括弧つきでそのまま見ていく、そういうこちら側の小さな心の態度で、どんどん世界が拡がっていくものだ。

世界のそこはまさに底なし。

第三章　天空の大地の肌触り

仏教の聖地をこえて　—カイラス—

ラサの千数百キロ西方にあるチベット最大の聖地、カイラス山（標高六、六五六メートル）。この聖山は過去二千年以上にわたって、仏教やヒンドゥー教など様々な宗教の一大聖地として崇められてきた。圧倒的に屹立《きつりつ》するその姿から、世界の中心軸として、あるいは神々の住まう巨大な宮殿として見なされている。そして、この世の穢れを祓い、来世の至福を約束する場として、現代にいたっても多くの巡礼者が絶えない。

このカイラス山に最初に訪れた日本人は、河口慧海である。その著書『チベット旅行記』をひもとくと、慧海がいかにその霊性に打たれたかが分かる。チベット人の風習に必ずしも寛容ではなかった彼だが、想像を絶する労苦の末にたどり着いたカイラスは、まさに神仏そのものに見えたようだ。その慧海は、この一大聖山を「天然の曼陀羅」と呼ぶ。

かつてこのカイラスに二度訪れたことがある。信仰心の薄い私でさえ、カイラスのその威容や神性に圧倒され、宇宙的ともいえる広がりに包まれていると強く感じたものだ。カイラスを巡る巡礼路を歩くと、どこからともなく心蔵の鼓動のように「ドクッ、ドクッ」といった微かだがはっきりとした鼓動が、聞こえてくるような気がする。たしかに生きているのだ。チベット人たちは、この聖山のことを畏怖とともに親しみをこめて「雪の活仏《カンリンポチェ》」と擬人化して呼ぶが、彼らにとってカイラス巡礼とは、まさに、生きているもの、尊いものとのかけがいのない出遭いなのである。

聖地であると同時に浄土の宮殿であり、また、神仏の顕現でもあるカイラス山。そしてそれは、我々とは異

山頂に雪をいただくカイラス山

なる次元で生きているなにかなのだ。百年以上前に慧海は、「天然の曼荼羅」という巧みな表現で我々にその感覚を伝えようとした。しかし二十一世紀の現在、カイラスという存在は、仏教やヒンドゥー教といった宗教の世界観だけでは捉えられない可能性を秘めているのではなかろうかと思う。

スタンリー・キューブリック監督の名画に『2001年宇宙の旅』というのがある。その長い冒頭の部分で、人類の祖先である猿がある日、「モノリス」と呼ばれる高さ数メートルの石板に出遭う。周りの荒涼とした原野に抗《あらが》うように屹立したその長方形の石板は、ある意味暴力的ともいえるようなインスピレーションを猿たちに与え、「道具の使用」を初めて彼らの精神のなかに植え込む。

カイラス山はこのモノリスのように、人々の心を励起《れいき》し、何か新しいもの、高尚なものへ強く促す何かがある。熱心な仏教徒であれば、さらに信仰心が深くなり、我々凡夫であっても、心を高める何かが……。

チベット高原には、我々をこのような「モノリス体験」させてしまう聖地がなんとも多いことか。そこにはたいがい、自然のフラットな乱雑さを食い破って、不可思議としかいいようのない「反＝自然」の力がほとばしっている。

餓鬼のさまよう奇石の街　―ティルタプリ―

聖地カイラス山のふもとから北西へ車で約二時間行った所に、小さな温泉地がある。その名はティルタプリ（ティタプリ）。標高四、三二〇メートルの霊地で、一世紀以上前、河口慧海が訪れたことでも知られている。ティルタプリとは、サンスクリット語で「巡礼の街」の意味である。しかし慧海は、チベット人の「迷信じみた」風習に対する嫌悪感からか、「餓鬼《がき》の街」と著書『チベット旅行記』のなかで紹介している（＊）。

チベット人巡礼者にとってティルタプリは、西チベットの一大霊地である。カイラス山を密教の男神である勝楽尊《デムチョク》に、そしてティルタプリを、その男神の修行のパートナーである女神・金剛牝豚《ドルジェ・パモ》に見立てている。山や雪山を男性性に、湖や河などの水場を女性性に結びつける古代チベットの大地の感覚に沿いながら、カイラスとティルタプリの二つの聖地はいわば一対になっているのだ。

『ティルタプリ縁起』と呼ばれる聖地誌の経典をひもといてみると、俗人にも分かりやすい解説がされている。ティルタプリは「服の襟《えり》」のようにカイラスを引き立てる霊地であり、襟がないと服が服らしくないよう、ティルタプリを訪れないとカイラス巡礼は完成しない――。カイラスに比べ知名度の低いティルタプリであるが、チベット人仏教徒にとっては欠いてはならない重要な聖地なのだ。

ところで、ティルタプリには温泉が湧き出るほか、さまざまな形の奇態な岩がたくさんある。色はほとんど聖なる色とされる朱色で彩られ、それぞれの岩が神仏の顕現したものとされている。ガルーダや馬頭明王の顕現岩、薬師如来の宮殿や観音菩薩の岩、なかには、女神・金剛牝豚の女陰の岩、カイラス山が顕現した岩と呼ばれるものまである。どれもこれも、いわれてみればもっともらしく見える。しかし慧海は、ティルタプリの僧侶がこれら顕現岩を紹介するのを聞きながら、あまりにも迷信じみて馬鹿らしくなり、「その案内坊主をぶんなぐってやりたいくらい」になったようだ。明治の合理主義精神の現われというべきか、仏道への一途な思いというべきか、過激である。

しかしこのティルタプリは、その慧海も認めるような霊場なのである。それは夕方になると分かる。日中はただの石くれでも、夕方になるにつれ、「奇岩怪石《きがんかいせき》」の一体一体に魂が突然宿り始めたように、まるで生き物のように見え始めてくる。あたりが急に薄暗くなっていくなか、まさに餓鬼がさまよい歩いているのではないか、と感じられるのである。このような強い霊気が漂う場所はよく修行場として選ばれる。ティルタプリは、「チベットの恐山」といってもよいだろう。

（＊）河口慧海（一九七八）『チベット旅行記（2）』（講談社学術文庫）「第三十六回」の項参照。

守護神の魂が宿る聖湖　—ラモラツォ—

ラサ空港から東へ車で丸一日。人里離れた奥地に、チベットの歴史を左右してきた聖湖がある。その名はラ

ティルタプリにある石。真言が刻まれている

モラツォ。パンデンラモと呼ばれるチベットの守護神の魂《ラ》が宿るとされる湖である。歴代ダライ・ラマの守護神でもあるこの女神は、インド亡命中のダライ・ラマ十四世誕生の秘密とも深く関わっている。

時は一九三五年。亡くなった先代のダライ・ラマ十三世の転生者を探すため、高僧を中心に結成された捜索チームがまず訪れたのが、ラモラツォであった。湖畔で瞑想すること数時間。霊力の高いラマが湖面に観じたビジョンは、チベット語のアルファベットの「ア」字、青緑色の屋根のある僧院などであった。神託を伺いその意味を吟味したところ、「ア」字は「アムド」(青海省)の「ア」であると判明。中央チベットと違い青海省の僧院は青緑色の屋根が多いことも傍証《ぼうしょう》となった。ラモラツォの湖面からのスピリチュアル・メッセージを受けた捜索隊は、青海省へ赴き、そこで実際ダライ・ラマの転生者を発見することになる。

非常に美しい湖面のラモラツォ

このようにラモラツォでは、予知能力のある者が未来や来世を見ることができるといわれている。いや、予知能力者だけではない。この湖は俗世に生きるチベット人にとっても自分の未来を占う聖地となっている。

私がラモラツォを訪れたとき、数十人ものチベット人巡礼者たちが、湖を遥拝《ようはい》できる崖の上から熱心に眺めていた。手を軽くグーの形ににぎり、指のあいだにできた小さな穴からまるで覗き込むように見つめている。何が見えるのか、遠くに佇《たたず》む不思議な形の湖面に視線を注ぎ、話す者は一切いない。そこに自分の未来を見た者は見た内容はもちろん、「見えたこと」もむやみに他人に話してはいけないことになっているのだ。それよりもなによりも、話し声などで湖の静寂さを乱すと、気性の激しいパンデンラモの怒りに触れる。

連れのチベット人が、湖畔へ下りようと身振りで誘う。足場の非常に悪い急な岩場だったので私は躊躇したが、彼はもうすでに心に決めているようだった。他の巡礼者たちをおいて、私たちは下りていく。

湖のそばは、とても美しい静けさが広がっていた。静寂以上の静寂が、あたりの空気を圧しているかのようであった。湖面は微妙な空気の流れをも捉えるように、とても機敏に小さく動いている。雲の動きも山の稜線もていねいに捕獲されている。水と大気の「境界」である水面には、いろんなものが見えるのだ。その当たり前の感覚がとても不思議だった。

湖を半周する。すると、かの有名なパンデンラモの祠があった。歴代ダライ・ラマのうち数人ほど夭折《ようせつ》しているが、その原因として、この祠に参拝したことでその霊力にやられたなどとする逸話が、一部のチベット人のあいだでまことしやかに語られている。

私たちは湖を周回《コルラ》し終え、急な崖道を登り始める。そのときである。急に曇りだしたかと思うと、激しい暴風雪に見舞われた。この湖を初めて「聖化」したとされるダライ・ラマ二世（一四七五―一五四二）もその伝記のなかで、「パンデンラモが荒れ狂い、激しい雹《ひょう》に遭った」と記している。我々もパンデンラモの怒りに触れてしまったのか――。

それは分からないが、あの圧倒的な静けさから暴風雪への突然の転移は、何かしら人を畏怖させるものがある。特別な聖地を訪れるとある種の「突発性」や「偶然性」によく見舞われるが、そこには聖地というものの何かしら重要な秘密が隠されているような気がする。未来予知のテクニックはおそらく、そういうものに精神をシンクロさせていくことにあるのだろう。ちょうど湖面が、自然の偶然の機微を捉えるように。

大草原のなかのカリスマ・ラマ　――アチェンガル――

中国・四川省甘孜《カンゼ》チベット族自治州。東チベット「カム」の中心地であり、歴史的にも文化的にも、チベット仏教の伝統が色濃く残る地域である。ここには名高い僧院が密集している一方、つい最近まで中国の地図にも新聞にも載ることもなかった「大修行地」というものが点在している（*）。

そのうちのひとつ、アチェンガル。大草原のど真ん中にあるこの修行場は、総勢約一万数千もの仏教徒たちが暮らしている。この行場は一九八〇年代半ばたった数十人ほどで始まったが、やがて多くの熱心な信者たちが周辺からこぞって集まってきた。彼らがテントを張り、バラック風の家屋を建て、草原に一大修行場が瞬く間に出現したのである。

その信仰の核は、座主であるアチェ法王。数年前に遷化《せんげ》されてしまわれたが、三十年以上に渡って、カム地域に絶大な影響力を与えるラマの一人として崇拝されてきた。文革の嵐を経験しながらも、チベット仏教ニンマ派の奥義を窮《きわ》めた大行者であり、岩石に経文を浮かび上がらせるなどの超自然現象に通じているといわれるカリスマ・ラマであった。

見渡す限りバラックとテントで満たされたアチェンガル（「アチェの野営地」の意味）は、このアチェ法王に引き寄せられた人々の心の現われそのものといってよい。「僧院という建築物」ができる前段階の、チベット民族の精神の原風景、信仰心がそのまま剝き出しになった一大空間なのである。

ところで、チベットの偉大な聖人と呼ばれる人々には、共通する大きな特徴があるように思われる。それは、

バラックの家々が連なるアチェンガル

仏教的「真理」を雄弁に説くのではなく、かといって、静かに教えを体現しているような清貧僧でもない。また、我が国の一休宗純のような奇《き》を衒《てら》うような風狂僧でもないだろう。チベットの偉大なラマとは、まるで大地が俗世にぽかっと顔を覗《のぞ》かせた風なのである。まるで「ヒトのカタチをした大自然」という感じで、俗っぽくいえば「広大な空っぽ」というふうになろうか。

　私自身、アチェ法王に謁見したことはないが、アチェンガルや近隣の行場で修行をするカム出身のラマと、巡礼地でふと出くわすことがあり、その度に彼らから発せられる包容力・透明感のようなものに魅せられていた。アチェ法王は多くのそういったラマたちの棟梁であり、彼の精神性はアチェンの大草原に植え込まれたのである。

　中世のチベットにおいて、衰退した仏教はカシミールに近い西チベットから再興を果たす。アチェンという「底知れない」場の雰囲気を肌で感じてしまった今、今度は東方からのチベット仏教の蘇生を夢見たくなるが、それは単なる夢だけでは終わらないような気がするのである。

（＊）ここでは紹介していないが、故ジグメプンツォ・リンポチェがひらいたセルタ（色達）も、数万もの僧侶・尼僧を擁するニンマ派の大修行場となっている。アチェンとともにカム地方の信仰の中心であり、リンポチェの名声もはたらいて世界的に広く知られている。

チベット人のための「聖地の歩き方」ガイドブック　――ネーイック――

先日、チベット人の友人たちと夕ご飯を食べに行ったときのこと。そのうちの一人がおもむろにいった。「早く退職したい。仕事が嫌だからじゃない。どちらかというと楽しい。でも早く退職して、元気なうちにチベット中の聖地という聖地を巡りたいんだ。死ぬまでにね」。

何かあったのであろう。彼の最近の口癖は、「人間、いつ死ぬか分からない」。彼は政府機関で仕事をしているため、ふだん仏教巡礼などできない（＊）。しかし、チベッ

『雪の国・チベットの新聖地縁起』シリーズ

ト人として、仏教徒として、生きているあいだにどうしても聖地をたくさん巡り歩きたいようなのだ。その気持ちがひしひしと伝わってくる。

実は最近のチベット人たちは、若い頃は熱心に巡礼に行くことはあまりない。しかし、退職して自由な時間を得るや否や、困難を顧みず巡礼に繰り出す。自営業者から役所勤めの人間まで、退職後の楽しみ、老後のプロジェクトはほぼ一〇〇パーセント決まって〈聖地巡礼〉なのだ。若い頃十分功徳を積めなかったので、せめて自分の死ぬ前に来世への祈りをこめて巡礼に赴《おもむ》くのである。

そういうチベット人たちにとって、有用な書物がある。『雪の国・チベットの新聖地縁起』(チョンペー著)(＊＊)。この書はシリーズになっており、ラサ地区、ンガリ地区(西チベット)など、地域ごとに分かれて出版されている。宗派を超えて各僧院・寺院の歴史や地元の伝承を紹介しており、いわばチベット聖地誌の完全ダイジェスト版だ。平易な現代チベット語で書かれているのもありがたい。

ところで、「聖地誌」(ネーイック)というジャンルは、歴史的にはチベットの仏教文献のなかでは低い価値しか与えられてこなかった。『大蔵経』というインドの聖人たちの残した仏典とは明確に区別され、「蔵外文献」に分類されている。実際、その歴史も比較的浅く、二世紀ほどしかない(＊＊＊)。しかしながら、聖地の縁起やチベット仏教の歴史について、俗世の忙しさのあまり(もしくは政治的な理由で)触れることのなかった現代チベット人たちにとって、聖地誌というガイドブックはこころの道しるべとなる。

右の聖地縁起を著わしたチョンペー先生とは、実は何度かお会いしたことがある。どことなく、心理療法家の故・河合隼雄先生に風貌が似ていらっしゃる方で、そのせいか私は少なからず親近感を抱いていたのだが、ある日、聖地誌を書かれる動機についてこう語ってくれた。「チベット人は信仰心が非常に篤い……。でも、僧院の歴史やラマの伝記などに関してはほとんど無知なのです。せめて自分が何に対して祈りを捧げているのか知ってほしい……」。先生は十数年前、五十代半ばで仕事を退職された後、一念発起し、頑丈な自転車を購入してラサの南・ロカ地方の僧院を巡った。そして、その歴史や伝承を聞き取ってノートに綴り、それらをまとめて『雪の国・チベットの新聖地縁起』第一弾として世に送り出したのだった。チベット人巡礼者たちが、自分たちの僧院のこと聖地のことをちゃんと理解して巡礼できるように。

私はこの本のこと、チョンペー先生のことを、早期退職に悩む彼に話した。「巡礼に行きたい」と熱く語りつつも、チベットの聖地についてほとんど知らない彼は励まされたようで、思いのほか喜んでいた。

（＊）一九九〇年代半ば以降、政府機関で働くチベット人と彼（女）らの家族は、巡礼や祭の参加も含め宗教活動は一切禁止されている。これは、信心深いチベット人たちの大きな不満の源となっているが、パブリックには見えにくい形で信仰心を守っているチベット人の役人は、共産党員も含め少なくない。

（＊＊）中国語名は『雪域聖跡導遊』（民族出版社）。中国語のタイトルには「チベット」の名が省略されているが、チベット人のための聖地誌とはいわば「チベット民族独自の地理《ジオグラフィー》」という性格を帯びるため、政治的配慮が働いたのかもしれない。

（＊＊＊）ゲルグ派やサキャ派など各宗派ごとの僧院・寺院の紹介本は昔からあったが、宗派を超えて聖地を紹介するものは、カム地域の「超宗派運動」（リメ）の始まる十九世紀まで待たねばならなかった。そのなかで最も著名なもののひとつは、ケンツェ・ワンポ著『ウツァンの聖地誌』。

ドゥンカル一区一号窟にあるラテルネンデッケ様式の天井

聖空間のテクノロジー　―ドゥンカル―

ラサから一千数百キロ以上の西方。かつてここには、グゲ王国と呼ばれるチベット仏教国が栄えていた。この王国には、無数の洞窟の住居・宮殿があり、石窟寺院も数多く残っている。そのなかで最も際だったものは、約一千年前に建造されたピヤン・ドゥンカル石窟寺院であろう。

　この石窟寺院のひとつの小部屋、ドゥンカル一区一号窟。この石窟の四面と天井に描かれた曼荼羅と神仏像の美しさ・荘厳さには、誰しも圧倒されるだろう。密教のモチーフと文様が非常に稠密《ちゅうみつ》かつ緻密《ちみつ》に、そして色鮮やかに埋め尽くされており、その幻想的な光の世界は我々に眩暈《めまい》を起こさせる。これは決して誇張ではない。

　天井に目を向けると、そこはラテルネンデッケ様式で装飾されている。「三角隅持ち送り構造」とも呼ばれるこの様式は、四角の枠に四十五度角度をずらして小さい四角を次々に塡《は》め込んでいく、魅惑的な立体幾何学模様である。敦煌やバーミヤンの石窟などでも見られるが、広く中央アジアや西アジアの伝統家屋の天井に用いられ、起源は東ヨーロッパなどともいわれている。

そのラテルネンデッケ天井に描かれている数々の装飾モチーフが、極度に「チベット離れ」しており好奇心をそそられる。倒れた鹿を挟んで向かい合う二頭の白獅子は、まるでヨーロッパの王家の紋章のようにも見える。二本の角と翼の生えた獅子もいるが、これはギリシア神話などに登場するグリフィンではないのか。他にも蛇と獅子が合体したような聖獣など、中央チベットの寺院ではまず見ることのない空想上の生き物たちが、躍動感豊かに飛び回っている。

石窟に足を踏み入れた瞬間、ひとつ不思議なことに気づいた。頭のてっぺんから糸のようなもので上に引っ張り上げられているような、妙な浮遊感があったのだ。これは「聖地だから」といった曖昧な理由ではなく、おそらくその石窟内部の空間構造に秘密があると思われる。正方形である床の四方の角から、天井に向かって稜線が伸びているのだが、それは床に対して直角ではなく、やや斜めにずれて中心に向かっている。それら四本の線が、四角のなかにさらに四角を次々と入れ込むラテルネンデッケ天井に直結し、上方に吸い込まれるような無限の感覚を引き起こしているのだ。入室した者に上昇感覚を体験させる、一種の聖空間のテクノロジーだと想像される。

そしてもうひとつ、気がついたことがあった。突拍子なく聞こえるかもしれないが、この石窟のなかにいると、以前、ルーマニアを旅したときに訪れたブコヴィナの修道院の雰囲気と奇妙に酷似《こくじ》しているように感じられたのだ。世界遺産にもなっているその美しい修道院の壁には、キリスト教の聖者の物語やオスマントルコとの戦いの様子などが描かれており、ドゥンカルの壁画の内容とは似ても似つかないもので、最初は自分のその感覚を疑っていた。

しかし壁と天井で囲まれた暗くて狭い場所に、ラピス色を背景に聖文様を執拗に稠密に描くその空間センスは、まぎれもなく同じ精神性に属すものであった。古代の西チベットにおいて、インドとペルシア、そして遠くはヨーロッパ文明との交わりがあったとも考えられるが、精神の修道者が求める聖空間には、時代を超え、文明を超えて、何かしらの類似性があるような気がするのである。

隠れ里に溢れる女性性 ―テルドム温泉―

ラサを流れるキチュ河の支流に沿って東へ遡《さかのぼ》ること数時間。奥までずんずん入っていくと、隠れ里のような渓谷にたどりつく。その名はテルドム。「宝の箱」という意味である。

伝説によると、テルドムはその昔、恐ろしい龍神や魔物の住処《すみか》であったらしい。そこでニンマ派（＊）の大行者・グルリンポチェがこれらを調伏《ちょうぶく》し、仏教に帰依させ、魔の地から仏法の地へと変貌させたのだという。グルリンポチェは例によって自身の杖で大地を突き刺し、温泉を湧きたたせることも忘れなかった。

このテルドムの空間は、全くもって聖地の粋《すい》を体現したかのようである。険しい岩山を背にして、豊かな青緑の草木で覆われた小山がこんもりと横たわり、爽快なそよ風がここかしこに吹いている。その風に吹かれながらグルリンポチェ縁の温泉につかる開放感はなんともいえない。チベット人たちは、余暇に湯治にそして巡礼にこのテルドムの霊場に年がら年中訪れる。都会のラサでたまった穢れやストレスを洗い流していくのだ。

温泉の湧き場のすぐ傍には尼僧院があり、テルドムの谷を守護する女神アプチが恭《うやうや》しく祀られている。馬に

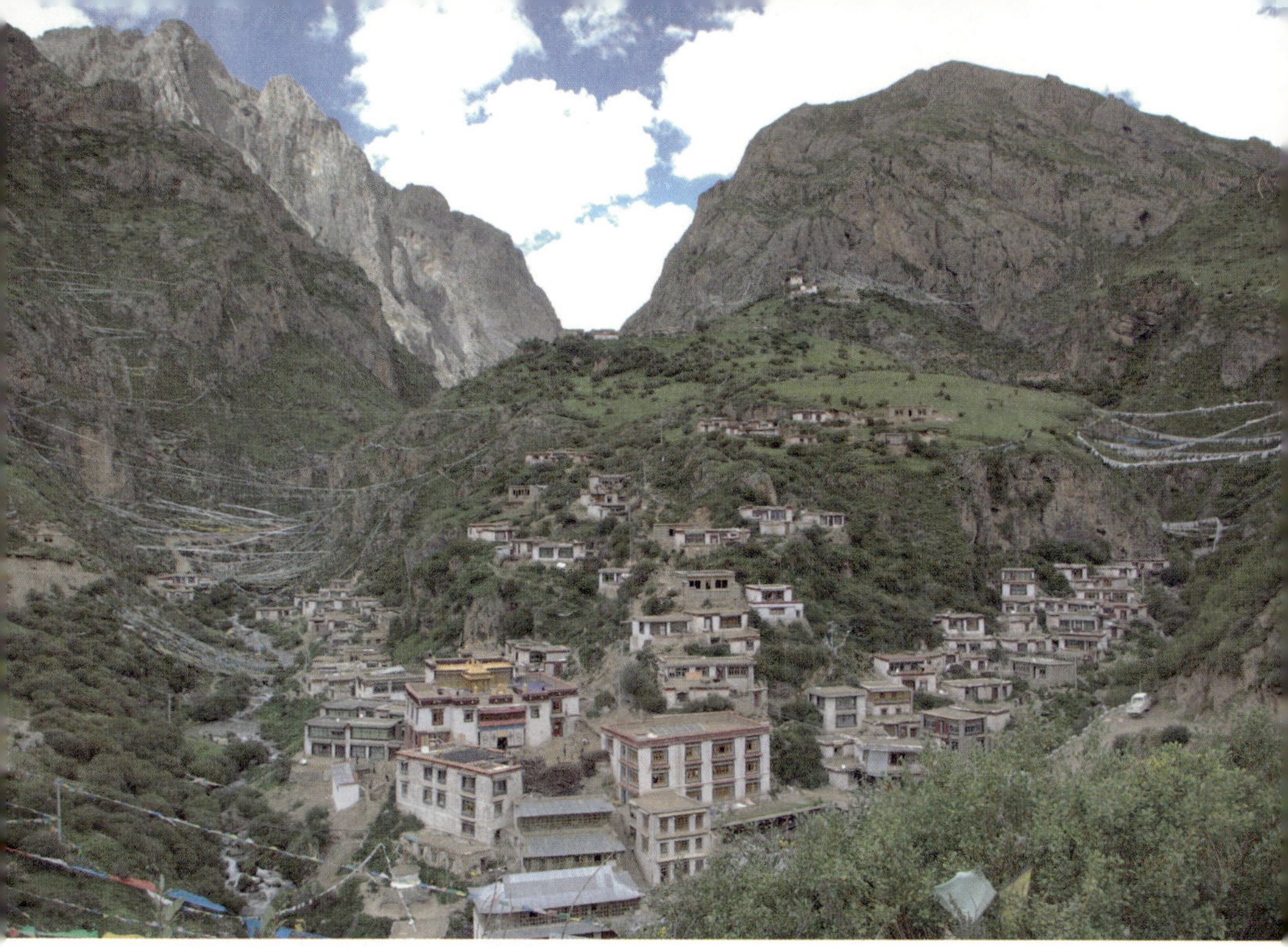
温泉の湧き出る聖地・テルドム渓谷

乗る猛々しい女神の姿は、他の多くのチベットの女神を凌駕《りょうが》するほどの迫力だ。また温泉には、龍神の化身である蛇が棲んでいる。地元の伝承によると、その蛇を見ると運気が高まるといわれているが、私も一度見たことがある。温泉に一人でつかっていたとき、岩壁から私の頭の横にふっと出てきてそのまま温泉のなかにするすると入り込み、我が泉とばかりに泳いでいった。不気味さと親密さが交ざり合った不思議な心地がしたものだった。

我々を優しく包み込んでくれる聖地テルドムだが、実は、その裏山にいくとがらっと雰囲気が変わる。そこは修行者たちの行場になっており、グルリンポチェが千数百年前に隠したとされる埋蔵経典《テルマ》や法具などが発見された場所なのである。空が異様に近くに感じられ、行者たちが瞑想行をする奇妙な形の巌窟《がんくつ》群、人間が死んでからの「中有《バルド》」（＊＊）の恐怖を体験させるといわれる岩場などがあり、ただならぬ霊気を漂わせている。

調伏されたはずの魔は、今でも裏山にひっそり生きているのか。テルドムの聖性の秘密には、その魔性が深く関わっているのか。最も興味深いのは、聖でもあり同時に魔でもあるこの場所が、尼僧院／女神／龍神と〈女性性〉と結び付けられていることである。

テルドムの地相を丁寧に見ていくと、この連想は深い意味を持ってくるのが分かる。テルドムの中心には、こんもりとした丘の両側に沿って清浄な小川が流れているが、温泉はその河がぶつかるところに湧き出ているのだ。こんもりとした山とY字の河の流れ、そして、その交叉点で湧き出る温泉。そこに、セクシャルな地相を読み取るのはあながち不自然なことではなかろう。

聖地というトポスを執拗に探求してきたのは歴史上、男たちであった。男は野生のままそのままほうっておくと、どうしても大地に女性を、女体を見てしまう習性がある。そして、その大地のなかに聖性を秘め隠したり見いだしたりするのは、日本の修験道の伝統を挙げるまでもなく、人類に宗教が発生したころには、おそらくもっと普遍的に行なわれていたのではなかろうか。

聖性は、女性＝大地のなかに秘められている。聖地テルドムの癒しの力はそういう古代感覚から見いだされたものであろう。


（＊）チベット仏教における四大宗派のうちのひとつ。古代チベット（吐蕃）の時代にグルリンポチェなどを通じて伝承された最も古い流派であり、ボン教などチベットの原始宗教の流れを汲んでいる。出家主義のゲルグ派などと比べ、山野で修行をする在家行者が多く、呪術などにも通じている場合が少なくない。

（＊＊）中有《ちゅうう》とは人間が死んでから、次の生に生まれ変わるまでの四十九日間を指す。チベット語では「バルド」といい、かの有名な経典『チベットの死者の書』（バルドトドル）は、死者の意識にバルドの本質を「聞かせて」（ト）悟りの世界へ「解放する」（ドル）ことをめざしたお経である。

アンビバレントな神仏像　―プンツォリン―

見た瞬間に魅かれてしまう仏像や壁画というものがある。人によって好みはそれぞれ違うであろうが、多くの者が心惹かれるものには、何かしら秘密があるように思う。

中央チベット・ラサ。ゲルグ派（＊）の僧院が多数あり、仏像や壁画もそれこそ星の数以上にある。我々の目に触れるのはそのうちごく一部であるが、見慣れてくると様々な尊格の特徴が分かってくる。しかし同時に、たいへん不遜かもしれないが、素人目にはどれも似たりよったりに見えてくる。上手いもの、美しいものはあるのだが、大枠では作風がどれもこれも似ているように見えるのである。

実は、チベットの仏画《タンカ》の伝統では、神仏の姿の細かな規則が厳格に決められている。顔のふくらみ加減から表情、手足の長さ・傾き、全身の体軀のプロポーション、色彩配分、どれも設計図のように規格化されている。伝統を重んじる風潮からか、規格から外れたものはたとえ創造的であっても、本物のタンカとは見なされない。測量画法によって伝統を再現するものだけが、聖性を宿すことを許される。原則として絵師の個性は封印されるのだ。

したがって、そのようなタイプの仏画に慣れてしまった目で、カシミールやネパール国境近くの僧院の壁画

プンツォリンにある観音菩薩の壁画

に対峙すると、その美しい眩《まばゆ》さで目もくらむような体験をすることになる。

プンツォリン大僧院。中央チベットのシガツェから車で数時間ほど西に行った、平原の奥にそれは静かに佇んでいる。チベット仏教ジョナン派(**)の拠点として栄えたが、異端とされて弾圧を受け、さらに文革時にも迫害を受け、今では廃墟のようになっている。

かろうじて残った本堂の三階に、私の好きな一連の壁画がある。全体的にディテールはラフなものの、なんとも躍動感溢れるものばかりだ。腰をくねらせ、手足を自由に伸ばし踊る像。ヨガのポーズをしているような神様もいる。多くの神仏は黒目が印象深く描かれ、荘厳な漂いのなかにもまるで彩色漫画の人物のように見えてくる。崇高ながら不思議な親しみを感じさせ、なんともリアルで生きている感じがするのだ。

ここでふと、日本のある仏師の方から昔聞いたことを思い出す。慈悲の神仏を彫るとき、恐ろしい怒りの情念を意識して彫る。すると、いい像が出来上がる。逆に、

郵便はがき

料金受取人払郵便

京都中央局
承認

3063

差出有効期間
平成30年5月
13日まで

(切手をはらずに
お出し下さい)

6008790

110

京都市下京区
正面通烏丸東入

法藏館 営業部 行

愛読者カード

本書をお買い上げいただきまして、まことにありがとうございました。
このハガキを、小社へのご意見またはご注文にご利用下さい。

お買上 **書名**

＊本書に関するご感想、ご意見をお聞かせ下さい。

＊出版してほしいテーマ・執筆者名をお聞かせ下さい。

お買上 **書店名**	区市町	**書店**

◆新刊情報はホームページで　http://www.hozokan.co.jp
◆ご注文、ご意見については　info@hozokan.co.jp

16.5.50000

ご氏名《ふりがな》		年齢　　歳　男・女
〒□□□-□□□□ ご住所	電話	
ご職業（ご宗派）	所属学会等	
ご購読の新聞・雑誌名（ＰＲ誌を含む）		

ご希望の方に「法藏館・図書目録」をお送りいたします。
送付をご希望の方は右の□の中に✓をご記入下さい。　□

注文書

月　　日

書　　名	定　価	部　数
	円	部
	円	部
	円	部
	円	部
	円	部

配本は、○印を付けた方法にして下さい。

イ. 下記書店へ配本して下さい。
（直接書店にお渡し下さい）

（書店・取次帖合印）

書店様へ＝書店帖合印を捺印の上ご投函下さい。

ロ. 直接送本して下さい。

代金（書籍代＋送料・手数料）は、お届けの際に現金と引換えにお支払下さい。送料・手数料は、書籍代 計5,000円 未満630円、5,000円以上840円です（いずれも税込）。

＊お急ぎのご注文には電話、ＦＡＸもご利用ください。
電話 075-343-0458
FAX 075-371-0458

（個人情報は『個人情報保護法』に基づいてお取扱い致します。）

チベットの聖地を彩る「祈りの旗」（タルチョ）

憤怒の神々を彫るとき、どこか慈悲のあるところを意識して彫る。そうすると、本当に恐ろしい憤怒尊が現われる。つまりは、慈悲深いが怖い、怒っているが優しい、といったもののなかに本物が宿るというのだ。

プンツォリン僧院で感じた不思議な魅力は、タイプは異なるものの、そういった微妙なアンビバレンスに由来しているような気がする。崇高さと同時に親近感を抱かせ、観る側をその両義性のなかに投げ入れる。そこに、何かリアルなものがありありと立ち現われるのではなかろうか。どちらか一方ではなく、怖さと優しさ、尊厳と親しみといった人間っぽい矛盾を抱え込み、それをぎりぎりのところで体現しているさまに、我々は心動かされるのかもしれない。

（＊）チベット仏教における四大宗派のうちのひとつ。十四世紀ツォンカパによって創始され、現在最も政治的に強大な宗派である。ダライ・ラマはゲルグ派に属する。戒律を重視するほか難解な仏教論理学の修得など、「野性的な」ニンマ派などに比べて厳格な学問行が求められる。
（＊＊）仏教における最重要概念である「空性」に対する考え方の違いから、十七世紀ゲルグ派により異端とされた宗派。宗派間の政治的抗争もあり徹底的に弾圧される。それ以降消滅していたと思われていたが、さまざまな宗派が拮抗《きっこう》しているアムドやカムなどで現在でも法灯が残っているようである。

洞窟巡礼は遊びながら　―ダクヤンゾン・ゾンクンブム―

中国・成都から飛行機でラサへ向かうと、空港に降り立つ直前に、山谷が両側から迫ってくるように見える。そのあたりは実は、歴史的に有名な聖地が広がっている。チベット最初の僧院であるサムイェー寺などが名高いものだが（それは飛行機からはっきりと見える）、そのなかでもダクユル（岩の大地）と呼ばれる渓谷が、近ごろチベット人のあいだで静かなブームとなっている。

ダクユルで最も神聖な場所とされているのが、ダクヤンゾン・ゾンクンブムという名の瞑想洞窟群である。グルリンポチェ縁の聖地であり、二つ合わせて計五つほどの巨大な鍾乳洞で構成されている。それぞれとても深く険しいもので、各洞窟とも一、二時間ほどかけて巡る。

そこは昔から密教行者にとっては重要な霊場であったが、一般のチベット人にとっては、そのご利益もさることながら、陽気で楽しい巡礼をさせてくれる聖地となっている。アスレチックのテーマパークさながら肉体を酷使する洞窟巡りが、チベット人たちの伝統的な「巡礼魂」を刺激しているのである。この巡礼＝探検ルートとは一体どのようなものであろうか。

洞窟のひとつは、まず二十メートル以上はあろうハシゴを登ることから始まる。もちろん手すりなどはなく、危険極まりない。怖いのを我慢して登りきると、直径一メートル弱ほどの真っ暗な穴が斜め上方に伸びており、ロープを使ってくぐっていく。かなり急なので腕力もいるが、穴のなかは狭い上にごつごつしているので、手足がアザだらけになりながら登りつめる。

そしてやっと、広々とした空間に出る。そこはグルリンポチェの手跡や頭跡、聖水の湧き出る長石、瞑想場など、聖性のオンパレード。体をくねらせながら狭い岩場をくぐるところでは、「穢《けが》れ」を払ってくれると信じられており、チベット人たちは「えっ、こんなところ通るの?!」とケラケラ笑いながら進んでいく。泥と埃にまみれ、見知らぬ者同士互いに手とり足とり助け合いながら、である。さらに、歌をグルリンポチェに捧げる広場などというのもあり、どんなに音痴でも歌を歌わなければならない。暗闇のなか、笑い声が途絶えることはない。

私がこの洞窟聖地に何度か訪れるうちに親しくなった若い僧侶がいる。彼と一緒に巡りながら、ひとつひとつ岩の聖跡の物語を聞いていくのがとても楽しいのだ。その彼がある日、私にこう語ってくれた。「ゾンクンブムとは〈十万の神仏の砦《とりで》〉の意味。実は僕は、十万もの神様のうち、ごくごくその一部を知っているだけ。この深い洞窟には、僕の知らない神仏がもっともっと溢れている……。ところで僕自身が発見した顕現岩（*）があるんだ。それはなにかの神様で、壁にもたれかかっているんだ。ほらっ」といって彼は懐中電灯を岩場の隙間の奥に当てて、私に見せてくれる。たしかに。凛《りん》とした姿勢で横たわるなにかが、はっきり見えた。

日本の修験道さながらの、何ともスリリングな霊場ダクヤンゾン・ゾンクンブム。身体性を重視するチベット人の〝ノリ〟が実体験できる行場といってよいだろう。

ダクヤンゾンの木造のはしご

さらに興味深いのが、「遊び」がこの洞窟巡礼のテーマとなっているところだ。それは、子供のように体を動かして戯れることはもちろん、無限にひろがる洞窟空間のなかに神仏を新たに見いだす遊び心をも、温かく許容してくれる。「聖なるもの」と「遊び」とは、昔から哲学者たちが考えてきたテーマであったが（＊＊）、この洞窟霊場にはその思考の源泉があちこちに散りばめられている。

（＊）神仏が自然発生したといわれる「ランジュン」の岩のこと。ランジュンに関しては、第一章「古代が露出する岩」を参照。

（＊＊）たとえば、フランスの哲学者ロジェ・カイヨワによる『遊びと人間』など。「遊び」という観点からチベットの聖地巡礼について思考していくことは意外にも新しく、かつ、重要であると思われる。これはチベットから持って帰ってきた私の宿題のひとつである。

黄銅色に輝く「サンドペリ」

グルリンポチェの浄土はラサ北方に
―サンドペリ―

ラサから数キロメートル北方に、ドデと呼ばれる谷が広がっている。ラサの喧騒《けんそう》から離れ、空気が大変澄んでいる谷だ。その真ん中には美しい小川が流れており、一世紀前にはそこに、チベット人の手で建てられた小さな水力発電の施設があった。ドデのさらに奥は豊かな緑に恵まれ、伝統チベット医学を学ぶ学生たちの薬草採集地となっている。

　そのドデの東部に、ラサ人もほとんど知らない小さな聖地がふたつある。「ネゴトン」と「ネナン」。それぞれ「聖地の扉（顔）」、「聖地の中」という意味である。チベット人らしいともいえる直接的なそのままの呼び名であるが、その名に惹かれるまま、ある日私はこの場所を訪れた。

ドデの終点のバス停から降りて、東に向かって歩いていく。前方遠くに、周囲の山々とは全く違う形相《ぎょうそう》の、ギザギザ状の岩山が見える。「おそらくあのあたりだろう」。行者が修行するような聖地は、平坦な風景から浮き出たような不思議な地形が選ばれることが多い。「聖地慣れ」した目には容易に察しがつく。

一時間半ほど歩くと、ネゴトンに着いた。そこは小さな尼寺となっており、物静かな尼さんが十数人ほどいた。聞くと、ずっと昔はネナン（聖地の中）が尼寺であったそうだが、泥棒が多かったために、その尼寺は村に近いネゴトン（聖地の扉）に移り、僧院がネナンに移ったそうだ。

ひとりの尼さんに導かれ、ネゴトンの護法神ニマ・ションヌの部屋に案内される。この深紅の護法神は山谷で荒行をする行者を加護する神である。ギザギザ状の険しい山といい、修験道的な修行を好むニンマ派の匂いがプンプンしてくる。

そしていよいよネナンへ向かう。周囲は殺風景な岩山が続くが、剣を何本も突き刺したような岩山は、やはり異様である。いかにも妖しげなのである。谷に跨《また》がって掲げてあるタルチョの下を何度もくぐりながら、狭くなる谷中を一気に登っていくと、いつのまにかギザギザ山の麓に辿りついていた。

見渡すと廃墟である。修行窟もある。昔は大きな行場であったであろうが、文革のためかすべて破壊されていた。数人ほどの尼さんが窟のなかから現われてくる。聞くと、昔は東チベットのラマの立派な建物があったが、今は小さな窟があるのみという。そしてこの場所は、ニンマ派の祖師・グルリンポチェがこの世を去ったあとに往《い》かれた「サンドペリ」の浄土そのものだと教えてくれた。

サンドペリとは、我々の世界の遥か彼方にある聖山のことで、その頂上には蓮の光である神秘の宮殿があるという。そこにグルリンポチェは座し、生と死を超越した不滅の身体でもって、我々生きとし生ける者に加持を与え続けているといわれている。

すっかり遅くなってしまった帰り道。正面に見える夕陽が眩しい。冬場だったので、どんどん暗く寒くなってくる。帰途を急ぐ。

ふと後ろを振り返ると、ギザギザ山のサンドペリが遠く夕陽に照らされ、美しく輝いていた。青黒くなった空に神々しい黄銅色が浮かび上がっている。サンドペリとは、「銅色の吉祥山」の意味。チベット人は遠い昔から、この美しい夕陽の照り返しの遠景のなかに、グルリンポチェの浄土を観ていたのかもしれない。

聖地を選び、神話を付与するには、非常に繊細な感覚が求められる。そういうときチベット人は必ず、空と大地との微妙な呼吸をも感じ取っている。そこに、我々後代の巡礼者も癒されることになる。

大地の息づかい　―ヤルンツァンポ―

チベット文明を育んだヤルンツァンポ河、そこに突き刺さるひとつの大きな岩。三角錐《すい》のいかにも特徴的な岩であるが、伝承がひとつ残っている。

仏教がインドからチベットにもたらされたころ、土着の神々や魔物たちがその邪魔をしていた。そこで、当時名を馳せていた大行者グルリンポチェが招かれる。彼は数々の幻術を駆使し、魔物たちを服従させる。そのとき、インドから巨大なプルバ（金剛橛《こんごうけつ》）（＊）が飛来し、チベットの大地に突き刺さり、彼のその偉業を助けた。それがかの大岩だといわれている。いかにもその尖がり状の形は、プルバに似ている。

巡礼旅行中、野宿をしようと思って適当な場所を探していたときである。そのとき私は初めてこの岩に出

ヤルンツァンポに突き刺さるプルバ（金剛橛）

遭った。当時プルバの話は知らなかったものの、その奇岩を見るや、ひどく胸騒ぎがしたのを覚えている。異質なものに出遭ったときのわくわく感、「あの世」がぽかっと顔を覗かせたかのような怖さ、そしてある種の不安のようなもの。それらが当たり前のように入り交じっている。と同時に、ふと、笑いもこみ上げてくる。それは本当に、自分でもよく分からないえもいわれぬ笑いであった。

平らな大河の中洲に鋭く突き立てられたその大岩は、原因も由来も、そして言葉や意味さえもよせつけない威圧感を放っている。周りの風景から浮かび上がったその奇異な様態は、大地にまるで句読点を打っているかのように見える。深い山間から出る満月を見た禅僧が「かかか」と大笑いする昔話があったように思うが、そういうことであろうか。自然の戯れのようなものを目の当たりにすると、人は笑う。

物理的諸力により、とめどなく変わる自然。そ

朝日に照らされて輝くプルバ

の無秩序の世界に抗《あらが》うかのように自ら屹立《きつりつ》するもののなかに、我々は、なにがしかの力の働きを否《いや》が応《おう》でも感じとる。突然、寄《よ》る辺《べ》のないところに放り投げられたような、ある種の不安を感じながら。そういう特異な体験を授けてくれるような場が、「聖地」となる。

そしてそこでは、様々な「物語」が纏《まと》わりつく。人間は古来より、得体の知れないものに名前や意味を与え、身近で馴れ親しんだもの・安全なものに変化させる衝動がある。不気味な力に触れて湧き出る「底なしの不安」を統御・解消するのである。ざわざわ感を引き起こすような岩や地形、水場などは、魔や神の棲む霊地として語られるようになり、根源的な不安は恐怖や畏怖といったものに変換されていく。

広大なチベットの大地には、仏教の物語のなかにはとうてい収まりきれない「何か」を感じさせる場がたくさんある。それは、宇宙が呼吸をするときの、息づかいやリズムが聴こえてくる場とでもいえようか。その赤裸々なものに見《まみ》える刹那《せつな》に、不可思議で他動的な笑いが伴う。宗教や哲学といったものは、このような「外部」に開かれた精神の場から発生する。

（＊）悪霊を退散させる祈禱の際に用いられる密教の法具。

第四章　霊的なもの、得体の知れないもの

龍神病

先日、私が住んでいる宿の中庭で、セラ寺のお坊さんを招いて龍神の祈禱が行なわれた。どうやら地中に棲んでいる龍神「ル」を怒らせてしまったようなのである。

それが分かったのは、宿で働くチベット人スタッフの二人の女性が、ちょっとした皮膚病に罹《かか》ってしまったことであった。一人は顔全体に薄く吹き出物ができ、もう一人は目の奥が痛いという。ラサの人民病院に行ってもはっきりとした原因は分からない。そこで近所のシャーマンにお伺いをたてたところ、龍病（ルネー）であると宣告された。

お坊さんがいうには、今はもう埋められているものの、昔、宿の中庭には井戸があり、龍神が今でも棲んでいるという。龍神は、人間が自分のテリトリーで騒いだり、着ている服を脱いでそこに置いたり、ごみを散らかしたり、小便をしたりすると、ひどく機嫌を損ねてしまう。自分の棲《す》み処《か》を穢されることを最も嫌うのだ。

二人の女性は、龍神のいるそばで大声で叫んだり、癇癪《かんしゃく》を起こしたことなどが原因で、龍病を患ってしまったようだった。そしてどうやら、お坊さんがいうには、目を患った女性は蛙と蛇の夢を見たのだという。夢のなかで河を渡り、向こう岸に着く。戻ろうとしたが河が怖くなり、おずおず留まっていたところを、そこに棲む蛙たちが彼女の目になにか悪さをしたというのだ。私はもっとお坊さんからいろいろお話を伺いたかったが、祈禱の邪魔をしたくなかったのでそれ以上は聞かず、遠くから眺めるだけにした。

新調したチュパ（民族衣装）を着た二人の女性が、中庭でお香をもくもくと焚く。仲間のスタッフたちは宿の各部屋に聖水を撒いていく。僧侶たちはツァンパで供物を作り、それを怒った龍神様に捧げ宥めていく。すると、小一時間ほどで、不思議と中庭の気が晴れたようになった。宿のスタッフたちも満足気味だ。なんとなく私の気分も晴れたようになっていた。

龍病はチベットでは決して珍しい病ではない。二人の症状は軽いほうで、もっと酷い龍病を私は何度か見たことがある。そのひとつは八年ほど前のことである。その人は留学生仲間だったが、ちょっとしたことがきっかけで、突然部屋のなかにずっと籠ってしまうようになっていた。いつも深く帽子をかぶり、頑《かたく》なに誰ともしゃべらず、ほとんど数カ月以上まともに外出しなくなった。そしてあるとき、彼女の目のすぐ上にピンポン球のような、異様に大きな出来物が吹き出ているのを、我々は見かけるようになる。

早く病院に行ったほうがよい、と思った。が、それと同時に、あまりのその不自然な肉塊《にくかい》の雰囲気から、私は直感的に「ひょっとしてルネーではないか」と思ったのだが、「なんでもないよ、すぐ治るよ！」と彼女に一生懸命声をかけてくれていたチベット人の先生方が、先生方の眼が、私の推測はあながち当てずっぽうなものではないことを物語っていた。

友人のつてで、当時ラサで活動していた「国境なき医師団」の施設に彼女を連れて行くことになり、私も同行した。ヨーロッパ人医師の診断では「感染症」ということで、簡単な摘出手術をしてくれた。しかし、彼女の普段の生活を近くで見ていた私には、それだけではないのは確実であるように思われた。当人の普段の生活から肉体だけを切りはなして診断するようでは、根本的な治療にならないのではないか、と肉塊から膿と黒血が摘出されるのを眺めながら、そう思った。

龍病は、本当には何が直接的な原因かよく分からない。ただ、なんとなく思うのは、気の流れがあるべきところ、静けさがあるべきところに、なんらかの理由でそれが遮断されたり攪乱《かくらん》されりして、こころの澱みができてしまうような状況において、それを引き起こした人間に、ある種の障りがその内側から湧いてくるような気がするのである。龍病はチベット文化特有の病なのかもしれないが、人間にとってそれはもっと根源的なものを示唆しているように思える。

正装をしてお香を焚き、龍神に赦しを請う

祈りを超えた祈り

チベット人のあいだで広く知られている逸話がある。信仰心の大切さを説く話である。

十七世紀のこと。ある日ダライ・ラマ五世がポタラ宮殿の屋上にいると、ターラ菩薩（＊）が宮殿のまわりを廻っているのを見かけた。よく見ると、一人の老人のあとをついて行っているようだ。ダライ・ラマはその老人を呼び出し、ターラ菩薩が背後についているのを知っているかと尋ねた。するとその老人は恐れ慄《おのの》き、知らないという。ただ彼は四十年以上にわたって、毎日毎日、ポタラを巡るときにはターラ菩薩のマントラを一心に唱えていたのだった。しかし、老人がダライ・ラマの前でそのマントラを唱えると、間違いだらけであった。そこでダライ・ラマは、正しいマントラを老人に教え授けた。

次の日、老人はいつもと同じようにポタラのまわりを廻った。今度はダライ・ラマに教えてもらった正確で完璧なマントラを唱えながら。しかし、ターラ菩薩は現われることはなかった。そこでダライ・ラマは老人に、間違いだらけのいつものマントラを唱えるよういった。するとターラは再び現われた。長年慣れ親しんだマントラで、ようやく心からターラ菩薩へ信仰を捧げることができたのだった。

この話を昔、チベット人の先生から聞いたとき、なんて楽しい話なのだろうと思ったものだった。形式にとらわれない信仰心の大切さを説いただけなのだが、印象的な話だ。実はこのような逸話はチベットには数多くある。日本にも同じようなものはあるだろう。カタチはどうあれこちらの信仰をこ、こ、ろ、から捧げなければ、「仏陀の御慈悲」や「神様の御加護」は享受できないと。

ジョカン寺のなかで

ラサは今、巡礼シーズンである。バルコルに行くと、見慣れた五体投地の風景が広がっている。大勢の巡礼者たちがお釈迦様に一心に祈りを捧げている。そして時折、不意に、こちらがドキッとするような「祈り」に出くわし、その場に立ちすくむことがある。

ジョカン寺前。目の前にいる一人の老人。帽子をとり、深々と頭を下げ、祈りの言葉を我々には聞こえないくらい小さく、そして長く唱えている。目はジョカン寺をまっすぐ向いているものの、もっと遠くのほうを見ているようだ。しかし、その遠くを見やる目は、彼方に行ってしまったような目などでは決してない。

その目は、しわくちゃの浅黒い皺のなかにちゃんと収まっており、内側から射すような温かい目であり、その目が遠くを見るときには、なにかしら不思議な柔らかいものが、その老人を取り巻いているような気がするのである。そこでふと思う。これはほんとうに、ただの「祈り」なのだろうか、と。

「祈り」という言葉では収まりきれないほどのことが、

老人を通して起こっているのではないか――。言葉というものは厄介なもので、ことの一面を的確に捉える反面、大切な局面を見えなくさせることがある。我々は「祈り」というものを分かっているようでいて、実は本当にはその実体を捉え損ねているのではないか。

私はその老人の祈る姿に動揺させられる。その動揺はどこからくるのかというと、おそらくは生きている私の足もとからであろう。そして、老人を取り巻くその「柔らかいもの」は、確かな感触を伴って、通りすがりの人々を、立ちつくした私を包みこんでいく。

（＊）観音菩薩の瞳から生まれたとされる女神。長寿や健康を叶えてくれる神として広くチベット人のあいだで信仰されている。チベット語で「ドルマ」というが、この女神のパワーにあやかって、生まれた女児にこの名を与えることがある。

人間の頭を叩く神

ガンガンガン、ギンギンギーン！　夕食を作ろうとしていると、外から突然、金物を打ち鳴らすような音が聞こえてきた。驚くとともに、そうか！　と思い出す。今晩は月食だ。

急いで屋上へ飛び出す。すると隣の建物の屋上では、人々が集まり賑わいながら、ドラム缶や鍋などを叩いている。一心に祈るものもいれば、お香を焚くものもいる。みなの視線はもちろん、欠けていく月に釘付けである。私はすぐバルコルへ向かった。すでにそこでは大勢のチベット人たちがざわめきながら興奮気味に群れ歩いていた。

そして、ちょうど白色の月光が赤らみ始めた頃合い。みな一斉に甲高い叫び声をあげ始めた。「ラゲロー！イェアッホォー、ホーッ！」（＊）。まるで滝を逆流させるかのような勢いの叫び声。ドラムを叩く音も一層大きくなる。高まる興奮。空を見上げると、ジョカン寺の上に浮かぶ皆既の赤月はいかにも妖しげに光っている。チベット人はいう、美しい月を食べてしまった「悪魔」（ドンジェ）を大きな音で驚かし、吐き出させるのだと。

チベット仏教の神話にこのようにある。昔々、神々は乳の海を攪拌《かくはん》し、霊薬アムリタをこしらえた。神々のものであるはずのその薬を、魔神ラフラ（＊＊）が盗み出し、飲み干してしまった。逃げるラフラ。自分の逃げ道を誰にもいわぬよう太陽と月を脅し、天空のなかへと消え去っていく。追跡するのは「力の神」金剛手菩薩である。太陽と月からラフラの在り処を聞き出し、とうとう捕らえることができた。そして、金剛杵《こんごうしょ》（＊＊＊）でラフラをめった突きにし、胴体から頭を切断してしまった。しかし不老不死の霊薬をすでに飲んでいたラフラは蛇などと融合し、刺し傷跡はすべて眼球となり、恐ろしい怪物に生まれ変わってしまったのである。

その後、太陽と月への復讐を誓うラフラは、この二つの天体を追跡しては「食べる」ようになる。それで日月食が起きるようになったのだという。ほどなくして太陽と月が再び現われるのは、ラフラには胴体がないため、食べられてもその首下から出てくるためらしい。また、ニンマ派の祖師グルリンポチェが、チベット仏教の護法神としてラフラを服従させたためだともいわれている。

いずれにしてもこのラフラは、チベット人にとって非常に身近な神である。普段は天空に棲んでいるが、どういうわけかたまに地上まで降りてきて、人間の頭頂をがつんと叩くこともあるようなのである（＊＊＊＊）。するとと脳がやられ身体が麻痺してしまう。つまりは脳卒中や脳梗塞の原因だと考えられているのである。空か

ラサ・ネチュン寺の内院に描かれているラフラ

ら叩かれないように、「ラフラ除け」の御守なども寺院でよく売られている。

チベットに住んでいると、多くの神仏や魔が思いのほか身近に感じられるようになるが、ラフラもそのような神である。身近なのはいいが、願わくは、叩かれたくはないものだ。

(＊)「ラゲロ」は「神に勝利あれ！」の意味。結婚式のとき、谷を越えるときなど「キーキーソソー、ラゲロー！」と叫びながら神様に御加護を祈禱する習慣がある。

(＊＊)インド・チベットの古代天文学で想定された架空の天体。羅睺《らご》。日月食の原因とされた。

(＊＊＊)密教の法具のひとつで、チベット語でドルジェと呼ばれる。力の象徴であり、ラマが祈禱時に用いるだけではなく、神々も自身の法具として手にしていることがある。

(＊＊＊＊)この現象をチベット語で「ナムネーシュー」という。「空から叩く／叩かれる」の意味である。

炎の鉄橛

幼少の頃、私は『ゲゲゲの鬼太郎』が大好きであった。この漫画アニメで、今でも忘れられないエピソードがひとつある。

鬼太郎の父・目玉おやじが、お堂の床に不思議な文様を描く。妖怪たちに追い詰められた鬼太郎とその仲間たちがその文様のなかに逃げ込むと、妖怪たちには見えないばかりか、彼らはそのなかに一歩も入れない。目玉おやじは「結界」を張っていたのだ。この不思議な光景に、結界というものの力に、私は幼いながら強烈な印象を受けたのだった。

そのせいかどうかはよくわからないが、ラサのバザールなどで見つけるとどうしても欲しくなってしまうものがある。それは魔除けの護符の版木。今まで二十種類ほど集めたが、そのどれもがチベットの民俗信仰の深層にふれる、大変興味深いものばかりだ。

たとえば、「ゲルボ」という悪霊と「マモ」と呼ばれる女鬼を封じる護符の版木。ゲルボはチベット語で「王」の意味であるが、僧侶が戒律を破ったり、殺されたりして、この世に未練を残し亡霊となったもので、チベット人から大変怖れられている（どういうわけか、「僧侶の霊」がチベットで最も恐れられているようである）。マモはゲルボの伴侶のような女妖怪で、全裸で髪を振り乱し恐ろしい形相をしている。ゲルボとマモを封じる護符には、この二人の胴体がマントラで穿《うが》たれ、両手両足を鎖で繋げられた図柄が描かれることが多い。この護符を家の戸口に貼り付けることにより、この悪霊カップルを脅し、侵入を防ぐのである。

悪霊ではないが、落雷を防ぐ護符というのもある。この護符は、マントラの刻まれた金剛杵《ドルジェ》が描かれることが多く、家の天井などに貼り付けられる。ドルジェは「雷電」の意味もあるので、雷でもって雷に対抗する意味があるのだろうか。また、狼が描かれている護符もある。日本では狼は「神様の使い」として崇められることもあるが、遊牧民の多いチベット高原である。狼の護符は、家畜をその襲撃から護るための御守で、紙に刷って羊の首などに結ばれる。その図柄にはなるほど、鎖で捕獲された狼の姿が描かれているのである。

多種ある護符のなかでも、私の最も気に入っている護符は、蠍《さそり》の描かれているものである。そのモチーフといい、鮮烈な描写といい、圧巻だ。惨めな姿で裸になった悪霊の上下に、十本の鋏《はさみ》をもった蠍が一匹ずつ描かれている。その鋏からは火が噴き出しており、悪霊は完全に捕獲されている。その悪霊の胴体いっぱいに刻まれた呪文にはこうある。「……ここに居留まるな、別のところへ行け！　もし少しでも近づけば、炎の鉄蠍がお前の心臓の血をすべて飲み干すことになる……」。

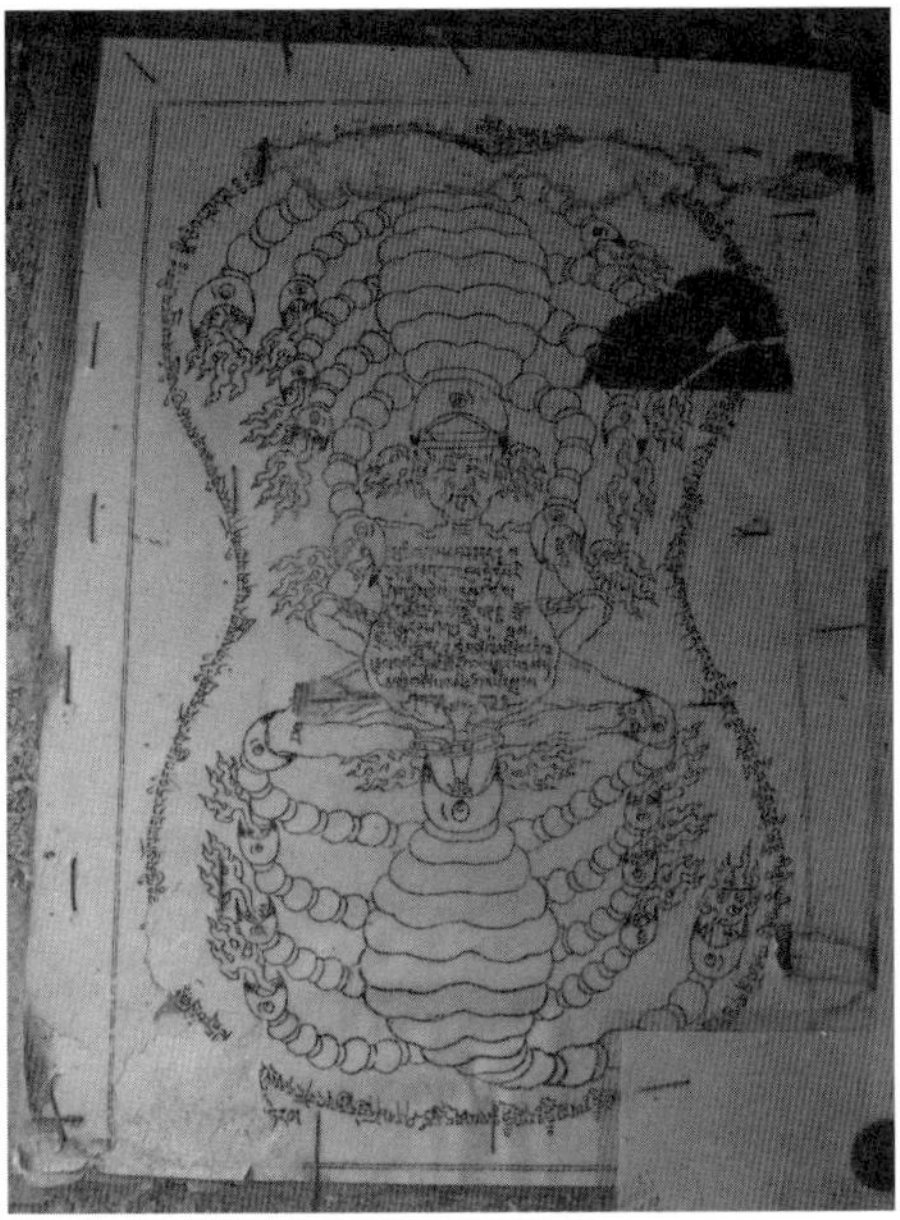
蠍に捕えられた悪霊が描かれた護符

チベットは世界のなかでも、護符の種類の豊富さとその迫力では、他を圧倒しているように思われる。「護符文化」が発達しているのだ（＊）。

護符は版木から刷られる。その版木には、周囲を威圧する生命力が職人の手によって深く刻み込まれている。使い古された版木からは生臭いインクの香りがするが、その香りにのって、まるで護符の霊力が漂っているかのような気もしてくるから不思議である。版木を手にしながら、私はときにチベットの民俗世界へ運ばれる。その私のそばで見守ってくれているのは、チベットの鬼太郎――。

（＊）大阪の国立民族学博物館には、千点以上ものチベットの護符と版木が保存されており、世界的にも非常に珍しいコレクションとなっている。二〇一五年秋よりその民博において、研究プロジェクト「チベット仏教古派及びポン教の護符に関する記述研究」（代表：長野泰彦）が始動した。私自身も共同研究員の一人として関わっている。

虹の泉の秘密 ―日記から―

七月のある昼過ぎのことである。

仕事の仲間から突然電話がかかってきた。「みんなで今からリンカに行きますよ！　よかったら先生も来てください！」

ちょうどそのとき、私は読書に没頭していた。外は大雨。真っ昼間だが外は暗い。雨の音と匂いが窓から部屋のなかに入ってくる。それが心地よく脳を刺激する。インスピレーションも浮かぶ。雨に包まれるなか、頭がまさに「その世界」（アイディアの世界）に入ろうとしていたのである。

ちょうどそのとき、「みんなでリンカに行きますよ！」である。「ああ、分かったよ」と電話口で気のない返事をしたが、自分でもなにが分かったのかよく分からないままの返事である。「リンカ」とはチベット語でピ

リンカに興じるチベットの貴族たち（ポタラ宮殿東部入り口付近にある壁画）

クニックのこと。チベット人にとって夏の最大の娯楽であり、飲んでは歌い踊り、ゲームに興じる野外パーティなのである。この娯楽を疎《うと》むチベット人はほとんど皆無といっていいだろう。

「せめて前日ぐらいには連絡せいよ……。なんで「今」やねん」、「外は大雨やぞ、行きたくないなぁ」、「つい先日もリンカやったんとちゃうか。ほんまチベット人、どこまでリンカ好きやねん……」と心のなかでぶつぶついいながらおもむろに着替え始める。そして大雨のなか、タクシーを走らせ現場に向かう。途中ラサの中心街を通ったが、水はけの悪いラサの街はもう水浸しである。「ほんまにこんなんでリンカかいよ……」。何をやっているのか自分でもよく分からなくなってくる。

リンカ場に着くと、みなはもうテントハウスのなかでリンカムード一色である。麻雀のジャラジャラ音、サイコロ遊戯ショの掛け声、子供の遊び声と泣き声……。バター茶とビールを注がれ、お馴染みの「塩ゆでヤク肉」をあてがわれる。匂いというのは魔法である。タクシーのなかでも研究読書モードが止まらなかった頭は、一気に「リンカの渦巻き」のなかに溶け込み始めた。

私を電話で呼び出した男は雀卓を睨《にら》みながら機嫌が悪そうだ。負けこんでいるのであろう。思っていることがすぐ顔に出てくる彼は、たぶん悲しいほど手を読まれているに違いない。それに比べて、隣に座っている二人は、なかなかのポーカーフェイスである。彼らは、手つきも顔つきもすわっていて勝負師の感じがする。

私は誘われるままにショをやったのだが、これにはチベット人らしい即興ルールがある。サイコロの出る目によって相手に飲ませるものであり、途中から、ショをやっているのか飲み合いをやっているのか、よく分からなくなってくる。ゆっくり自分のペースで飲むのは好きなのだが、チベット人の「極速ペース」にはどうも付き合っていられない。リンカは好きなのだが、これが嫌なのだ。あまりにも速すぎる。酔い醒ましのため、逃げるようにテントの外に出た。


雨はとっくにやんだみたいだった。優しい陽射しがさしている。「夏の天気は子供の気分」などとラサではよくいわれるが、全くその通りで「天の気分」はあっという間に変わったようだった。雨で洗われたばかりの空気は澄んでいてとても気持ちがいい。路上の水たまりに木漏《こも》れ日が射している。そこを、奥まで、ずっと奥まで歩いていく。歩くのも息を吸うのも気持ちいい。気の流れがとてもいいのである。さらに少し行くと、前方に小さな池が見えた。大香炉《サンクン》もそばにある。「ここは……なんだろう？」。近づくと池の水面に、雨で洗われた青空と樹木の陰が静かに映っている。それが木々を通して柔らかくなった太陽光と混じり合いながら、深みのある綺麗な色合いを漂わせていた。「美しい……まるで虹のよう……」。虹?!　まさか！」。

ちょうどリンカの一週間ほど前のこと。何年も前に書いたフィールドノートを整理していた。そして、ひとつの走り書きを見つけたのだった。不思議に気になったので、それをそのままポストイットに書いて卓上カレンダーに張り付けていた。「ラサにある虹色の泉？　どこにあるか調べて、見に行くこと！」。

「これはまさか、あの、ジャツォンチュミ（虹色の泉）か……？」。池の周りを廻っているおばあちゃんがこちらに近づいてきた。さっそく尋ねてみると、「そうだよ。ここにはね、たくさん龍神様がいらっしゃるからね。やたら汚したり騒いだりしちゃだめだよ。それから、この池は落ちやすいから気をつけてね」。

このジャツォンチュミには、ちょっとした謂《い》われがある。龍神や水魔《チュシン》などの神霊のほか、なんと「ツォラン」とよばれるオットセイやセイウチといった動物も棲んでいるというのだ。現に鳴き声を聞いたという人もいるようである。

地面のなかにぽかっと空いたその「水の穴」は、異様に深いように思われた。その底は実は底というものがなく、どこか別の世界と繋がっているかのような妙な感覚

龍神（ル）

をこちらに抱かせる（＊）。それほどの静かな深みが感じられるのである。大雨がついさっきまで降っていたので、雨を降らす張本人の龍神がそこかしこにいて、ちょうどこの泉のなかから出たり入ったりしていたのかもしれない。

最初はいやいやリンカに出かけたその日、思いもよらず虹の泉に導かれることになった。そして、ラサの龍神様はやはり、静かで綺麗な水場がお好きだったのだ。

（＊）ずっと後になって聞いたことだが、実はこのジャツォンチュミには通底伝説がある。この虹の泉とラサ北方のドデの谷奥にある池（「イツォ」と呼ばれる）は地下のなかで繋がっているという。

利他行のシャーマン

それは、ラサ旧市街のバルコルから少しはずれた路地裏にある。早朝から長蛇の列。チベット人たちは白スカーフを手に握り、落ち着かない様子でそわそわしている。神託を告げるシャーマンに会いに来ているのだ。引越しから結婚相手、そして病気の治療法に至るまで、チベット人たちは様々なことをシャーマンに伺う。自分の干支と名前を告げると、シャーマン（チベット人たちは親しみを込めて「クーコーラ」〈体のなかにいらっしゃるお方〉と呼ぶ）はマントラを唱えながら数珠をくりだし始める。そして、なにかを読み取ろうとするかのように目をつぶったまま数珠を凝視する。すると、俗人には聞き取ることのできない言葉を発し始めるのだ。きつい方言が出てくる場合もある。その場合は地方神が降りてくるときなどである。いずれにせよ、普通の

ネチュンのシャーマンによって降ろされる神・ペハル。チベットの国事決定の際、重要な役割を果たしてきた

龍神の棲む「ジャツォンチュミ」。水面に青空が映っている

ラサ人では解すことのできない「神様の言葉」なので、通訳をしてくれる付き人がいることが多い。

私が昔よく謁見していたボン教のシャーマンの女性は、外国人の私にも分かる言葉でゆっくり話しかけてくれていた。白内障を患っていたため、目があまりよく見えないそうなのだが、それでも彼女の前に座っているあいだ、彼女は暖かく包み込むような眼差しをこちらに向けてくれたものだった。お告げの内容がどうあれ、奥まで見透かされている感じがしたものである。一度、前世についていろいろいわれたことがあった。どうやら私が過去に犯した悪行のせいで「チベット以外の場所」に生まれることになったのだという。私は日本に生まれたことを露ほども不幸だとは思っていないが、それでも現世の恵まれた時間が「自分の悪行のせいだ」といわれたことに、妙に腑に落ちたものだった。

ところでチベットでは、街のなかに住んでお告げを授けてくれる市井のシャーマンから、高僧の転生探しや国家の政策決定などに影響を及ぼす政府おかかえのシャーマンもいる。彼ら彼女らは意識を飛ばし、俗世界から遠く離れて神々と交わることにより、様々な忠告、教えを垂れてくれる。我々凡夫《ぼんぷ》の日常生活から社会全体に至るまで、道を指し示してくれるかけがえのない存在なのだ。かつて中沢新一氏は、自らの精神を供犠にして他者のために生きるチベットのシャーマンを「利他の実践者」と語った（*）。大乗仏教の理想である菩薩に重なってくるというのだ。

仏教では、菩薩行に同調し参画する者たち、その集団である僧伽《サンガ》がある。そこでは利他を実践するプロジェクトは、同志との連帯のなか遂行されていく。しかしながらシャーマンの場合、たったひとりで「かの地」へ向かわなければならない。彼らの利他行は、無限の奈落の底に落とされたかのような孤高のなかで行なわれるのだ。そして誰もが自らの自由意思でシャーマンになれるわけではなく、否応なくある日突然、神から選ばれ、精神の病に倒れ、暴力的なプロセスを通してシャーマンという役割を賦与されていく。

ここでひとつ思い出すことがある。幼少期に活仏の転生であると周囲から選定され、大ラマとして生きていく（生かされていく）チベット人たちはどうであろう？　今の政治状況や伝統仏教を一挙に引き受け、神仏の世界と通じながら、他者を助け生きていくダライ・ラマなどの活仏こそシャーマンの像に重なってくるのではないか。こうしてみると、シャーマンは利他の実践者であるという言は、逆からもその重要性が照らし出される。そして今度は、活仏とはいったい何者なのか、改めて考えてみたくなる。

（＊）中沢新一「古代的マトリックス」（『仏教』1994 no.26「特集＝チベット」四―一九頁　法藏館）。

岡本太郎とチベットの「芸術」

チベットの芸術といえば、タンカ（仏画）や仏像などが真っ先に思い浮かぶであろう。独特の造形や精緻な模様・彩りは非常に美しく、観る者を圧倒する。しかし、日常の何気ない伝統供物「トルマ」にこそ芸術性があるといえばどうであろう。

トルマとは、ツァンパ（大麦を炒って焦がし、粉にしたもの）に、水やバターを混ぜて円錐《えんすい》状に練り作られた儀礼用の供物である。高さ十センチぐらいのものから数メートルに及ぶものまであり、上部には円盤形の模様が飾り付けられている。色は薄い土色をしていることが多いが、輝くような赤色に彩色されたり、極彩色のモチーフで彩られることもある。

トルマは、仏教がチベットに入ってくる以前のボン教などの土着の習俗、動物や人間を犠牲《いけにえ》とした供儀《くぎ》の名残だともいわれている。確かに上下部に膨らみのあるものが多く、豊満な女性の肉体を彷彿とさせる。赤色に染めるのは「血の色」だともいわれ、そう思ってトルマを見直すといかにも生々しい。

神仏像の代わりとして祀られることもあるこのトルマであるが、本来は穢れを封じ込めるもの、悪霊の憑代《よりしろ》として、広く仏教の儀礼や民間信仰の世界で利用されてきた。身心の穢れをこのトルマに入れ込み、村の外へ捨てて破壊し燃やすのである。この極めて原始的な習俗は、今でもチベット人の生活のなかに残っている。

かつて、この不気味なトルマに惹かれた日本の芸術家がいた。岡本太郎である。大阪万博が開催される数年以上前、太郎は当時日本に滞在していたチベットの学僧ソナム・ギャツォ師から、トルマについて教示を受けたという(*)。「原初と未来が同時に見られる不思議なもん」と太郎は大変な衝撃を受け、どうやらその瞬間、あの「太陽の塔」のモチーフが生まれたらしいのだ。

太郎はフランス留学時代、民族学に親しみ、古今東西の様々な造形芸術に触れていた。縄文土器の美を「発見」した彼の嗅覚は、トルマのその奇態から発せられる大地の匂いを見逃すはずはなかった。トルマはいわば「チベットの縄文時代」の記憶を持つものであり、その赤裸々な原始そのままのパワーに、太郎は驚愕したのだ。

いずれにせよ、あの太陽の塔が「人類の進歩と調和」という大阪万博のスローガンとは裏腹に、得体の知れない、民族を超えた何か恐ろしく本源的なものに迫ろうとしていたことは確かであろう。戦後日本の発展の象徴的な大イベントに、なんだかよく分からない不気味な建造物を真正面からぶつけ、それを仲立ちするものがチベットの聖なる供物であったことを思うと、なんだかとても楽しくなってくる。

それにしても、太陽の塔を前にして感じる不思議なざわざわ感はどこからくるのであろう。ハイデッガーは

チベットの供物「トルマ」

カラフルに彩色された「トルマ」

「太陽の塔」（大阪・吹田市）

芸術の存在論について語る著作のなかで、芸術作品とは決して開かれることのない大地が空け開かれたものである、と謎めいた言葉で表現した（＊＊）。太陽の塔とは、理解の明るみに照らされることのない大地が、チベットの供物を通して、近代国家日本の繁栄に挑むように、生々しく噴出したものなのである。日本のトルマであれ、オリジナルのトルマであれ、生き物なのか物体なのかよく分からない、その造形そのもののなかに、存在のぴちぴちとした生々しさが立ち現われている。その感覚は、芸術家でなくともたまらない。

（＊）「岡本太郎とトルマ」長野泰彦『月刊みんぱく』（二〇〇四年七月　第二八巻第七号　一一頁）。

（＊＊）『芸術作品の根源』マルティン・ハイデッガー（関口浩訳）平凡社ライブラリー。

嫉妬深い氏神様

興味深いことに、仏教の伝統の強いチベットにも日本の「氏神信仰」のようなものがある。毎年夏冬の二度、チベット人たちはその「氏神様」のところに赴き、自分や家族の健康、豊作や商売の行く末などをお祈りするのだ。

ユラともサダとも呼ばれるその神様は、いわゆる「土地神」である。氏神というよりも、鎮守の神や産土《うぶすな》神《がみ》といったものに近いのかもしれない。

地元の有力な豪族やラマが亡くなる。その亡くなった者の執着か、残された人々の強い思いか分からないが、何らかの理由でその魂がこの世に留まってしまうことがある。行き場を失ったその魂は人間たちに禍をもたらすこともあろう。そこで人々はその亡霊を、土地を守護する神様に祭り上げるのだ。土地神ユラの誕生である。

ユラのなかには、地元の僧院の護法神などに「格上げ」されたりすることもある。我々人間と同じ物理世界に生きる「俗神」であるため、こと現世利益に関する限り非常にパワフルだと信じられており、人々は常日頃からユラに対してデリケートな対応を強いられている。

ラサ近郊の農村では、ロサール（チベットの正月）に「ユラ詣で」という行事がある。早朝、村人たちは神様に捧げるためのお香やツァンパ、そしてチャンと呼ばれるお神酒《みき》を携えて、いそいそと山を登っていく。山の頂上近くや谷の奥にその神様の「お住まい」があるのだ。それは奇妙な形をした岩石だったり、巨木だったりする。その御前に人々はお供え物を捧げ、祈りを捧げ、最後のシメには、村人全員でお住まいを囲んで、「キキーソソー、ラゲロー！」（神様に勝利あれ！）と叫んでユラへの祈禱は終わる。その後は陽気なチベット人らしく、その土地神をも呼び込むような勢いで愉快なピクニック・タイムとなる。これが「チベット流初詣で」である。

神社のような建造物もなく、神官も巫女もおらず、チベットの初詣ではシンプルそのものであるといえよう。しかし、その信仰の実態となるとなかなか複雑なものがある。このユラたちは、恐ろしく嫉妬深いのだ。毎年お祈りに来なければ、その者の生命力を弱らせ、禍や病をもたらす。神がジェラシーの怨霊と化するのである。内陸アジアの土着神とは容赦のないものが多い。

では、簡単に参拝に行けない、都会に出てきているチベット人たちはどうするのか。近場で別のユラに参拝するなどは、嫉妬深い故郷のユラは絶対に許さない。そこで彼らは、嫉妬の呪いから逃れるため、逆に全く参拝しなくなる。つまりは、仮そめの御加護を求めて時折参拝するよりも、参拝を全くやめていわば「無縁状態」

ユラにツァンパとお香を捧げる

土地神ユラの宿る岩

になるほうが、危害がずっと少ないと考えられているのである。

翻って我が日本の鎮守の神様。信心深い人は毎年お参りに行くであろうが、気が向いたときにしか行かなかったり、様々な神様を同時に混ぜこぜで信仰したりすることが少なくないのではなかろうか。日本の神様は寛容というか、いい加減というか、非常に懐が深いように思えてくる。この融通無碍《ゆうずうむげ》な八百万の神の信仰風土、氏神様の嫉妬を恐れるチベット人たちの眼にはどのように映るであろうか。

ドラゴンと龍とル

ラサのポタラ宮殿のすぐ裏手に、「龍の館」（ルカン）と呼ばれるお堂がある。池の中央の小さな浮島にあり、橋を渡って行くようになっている。

十七世紀後半のダライ・ラマ五世の時代、ポタラ宮殿の造営が進められた。その際、建設に必要な粘土や

ポタラ宮殿裏にある「龍の館」（ルカン）で祈りを捧げる人々

泥土がその裏手からどんどん掘り出された。それでそこに自然に水が溜まるようになり、中心にあった岩が浮島のようになったのである。そして次のダライ・ラマ六世が、雨乞いの儀式などのために、そこにお堂を造営したのだった。それがルカンのはじまりである。以来、無数の龍神を束ねる「龍王」の棲む場所として崇められるようになった。

ふだん龍神たちは、河や沼地や井戸などの水場に棲み、おとなしく籠りながら人間たちに富をもたらしている。ところがいったん、彼ら彼女らの棲んでいる場所に無断でどかどか侵入し、汚したりなどすると大変な怒りを買うことになる（*）。人間たちに皮膚病など様々な禍をもたらすようになるのだ。それでこのルカンは、そういった龍神たちの怒りを鎮めるための祈禱の場として、多くの巡礼者が訪れるようになった。

龍といえば、古今東西様々な文明が、その存在を畏れ崇めてきた。西洋では、一神教であるキリスト教の影響もあろう、勇者や聖者によって退治すべき邪悪な神獣ドラゴンとされた。イブを誘惑したのもドラゴンの親戚である蛇であった。西洋の龍神は、抹殺すべきモンスターとして大地の底に封印され、虐《しいた》げられることになる。

一方、古代中国では、龍は皇帝の象徴として君臨してきた。特に、五本の指を持つ黄色の龍は最強かつ至高の存在として、歴代の中国の王朝と深い関係にある。清朝の国旗には龍が描かれもした。また、中国の民間伝説では、龍を自分たちの先祖としているようである。西洋で貶《おとし》められていた龍神が、中国では天まで高く舞い上がり、広く崇められるようになったといえよう。

こうして見てみると、チベットの龍神（ル）の性格が際立ってくる。ルは、キリスト教圏での悪魔のような存在でもなく、古代中国のような至高の存在でもない。人間にとって悪にも善にもなりうるアンビバレント

（両義的）な神なのだ。

アンビバレントに踏みとどまった、とさえいい得るかもしれない。いかようにも顕現する「可能態」の神として。善悪を完全に決めてしまった、中国や西洋とは根本的に異なるのだ。そんな得体の知れない不気味な神が、今でもチベット人たちの家々のすぐ真下に棲んでおり、その棟梁である龍王が、チベット政権の中枢・ポタラ宮殿のすぐ裏手に棲んでいる。

この事実こそ、チベット人たちが古代から継承してきた宗教感覚の大きな特徴のひとつであり、我々の興味の尽きないところなのだ。西洋のドラゴンと東洋の龍は昔からよく比較されてきたが、アモルファスな性格の不気味な「ル」にも注目していくと、何かしら示唆が得られるような気がする。そこにチベット人たちがどのように大地というものを理解してきたか見えてくるだろう。さらにいうならば、人類の大地というものとの関わり方の別の次元が垣間見えてこないであろうか。

それは、大地を一方的に搾取してきた近代文明から決別し、フラットに見える大地の深層にこちらの精神を拡大させていくという、もっとダイナミックで未来的な自然観をも鮮やかに照らし出してくれる（＊＊）。チベットの龍は、我々に気づいてもらうのをじっと待っている。

（＊）本書第四章「龍神病」を参照。

（＊＊）中沢新一氏は、『アースダイバー』のなかで東京と大阪の土地の精神性を、「縄文」をキーワードに読み解こうとしたが、チベットでアースダイバーをするのなら、その切り口のひとつは間違いなくこの龍神（ル）であろう。古代インド由来とされるこのルに対する信仰は、それほどチベットに「土着化」している。

不思議なヤクに導かれる

チベットに住み始めたころ、山奥の聖地に魅かれてよく巡礼旅行に行った。そのなかでも思い出深い聖地がひとつある。それは、隠れ里のような豊かな渓谷のなかにある。

ある日私は仲間たちとともに、その渓谷の奥の岩山に向かって、草地に覆われた急斜面を登っていた。そこは風光明媚で気持ちいい場所だったのだが、仰ぎ見ると、ずっと上方にある岩がアーチ状になっており、不思議な雰囲気を漂わせていた。

かなり登ったと思う。頂上近くに着いた私たちは、そこは行者が以前使っていた岩窟だと気づいた。使い古した食器などの日用品のほか、祭壇だったと思われる小穴もあり、かなり昔に引き払ったようだった。

その行者の棲家のすぐ裏手に、さきほどの奇態な半円形の岩アーチはあった。その奥には峻厳《しゅんげん》な岩に囲まれ、天に開いた空洞のような空間が丸く拡がっており不思議な感じがしたが、それ以上は入り込まなかった。入ってはいけない気がしたのだ。仲間たちも同じだった。そのときは雲が一切ない快晴で、あたりの草地は明るい緑に萌えていたにもかかわらず、そのアーチ一帯はどういうわけか「暗かった」からである。

私たちは不意に、奥まで入りすぎたのかもしれない、と思う。急いで斜面を下りることにした。途中、私は、、、、、胸のなかになにかが入ってきたような感じがしたが、気にしないようにした。下手に意識して思わず話してしまったりすると仲間が（そして自分も）動揺すると思ったからだ。しかし、同行の一人が「胸が痛い」といい出す。私は「きたか」と思い不安にかられたが、あわてている暇はなかった。みなを鼓舞しながら、急いで

普段は気持ちのいい聖地なのだが……

山を下りていく。
そのときである。下のほうに巨大なヤクが一頭、こちらをじっと眺めているが見えた。ちょうど山の尾根にぽつんと立っている。辺りに群れはいない。どういうわけかまるでこちらの事態を察しているかのように、我々が尾根に無事辿りつくまでずっと見守ってくれていた。そしてそのまま、麓にある僧院まで寄り添うよう一緒になって歩いてくれたのだ。「こっちだよ」と、まるで導くかのように。いったい何が起こったのかよく分からなかったが、とてもありがたかった。
後日、この話をチベット人に話すと、その山にはダーキニー（*）がたくさんいるので、同行の女性たちに嫉妬して危害を加えたのではないか、とか、その山の神がツェンボ（猛々しい）なので、その影響を受けたのではないか、などと説明してくれた。しかし誰も、あのヤクについてはなにも語ってくれなかった。

あの大きなヤクは不思議にも、そこに現われるのがまるで当然であるかのように現われた（ように思われた）。昔書かれたチベットの巡礼記などには、聖地を初めて拓こうとして道に迷ってしまい、そこでヤクや狼などが突如顕われ、導かれていく話がよくある。危険に曝されているようなときに出遭う動物とは、あるレベルですでに触れ合っているのではないか。出遭った時点でもう「縁起の物語」は深く絡み合っているのだ。そのような動物は、彼岸と此岸のあいだのような生き物として振る舞う。

あのヤクが、「尾根」という山谷の〈境《さかい》〉に現われたのもおそらく偶然ではなかったように思える。そこはあの魔のアーチの結界のはしっこだったのかもしれない。たしかに、そのヤクの現われは、柔らかい必然性を内包させながら、静寂な雰囲気を漂わせていたのだった。

（＊）荼枳尼天《だきにてん》。チベット仏教においては、怖ろしくも美しい女性の精霊もしくは女神であり、密教修行において行者を悟りに導く存在とされる。チベット語でカンドーマというが、それは「空を行く女」の意味である。

大地を鎮める舞踏

チベットの祭祀は華やかに行なわれる。地元人であれ外国人であれ、多くの者が魅せられる。そのなかでも観る者を最も惹きつけるのは、仮面舞踏「チャム」であろう。

僧侶の扮する、色鮮やかな憤怒形の神々や魑魅魍魎《ちみもうりょう》たちが、寺院の中庭に円を描き空中を舞いながら、ゆっくり足を進めていく。その横では、シンバルや太鼓、チベタンホルンの空気を割るような大音響が響き、おどろおどろしい雰囲気が漂う。周囲を脅すように現われた憤怒尊たちは、やがて威徳あるラマによって調伏されていく。この世に再び秩序と平和が回復するのを、チベット人たちはチャムを通して再確認するのだ。この宗教演劇は厳密には密教の儀軌の一種であるが、物語性と躍動感に富んでおり、俗人にとってみればほとんど娯楽に近い。

演目を細かく見てみよう。まず過去の聖人の伝記や仏教の教えをプロットにしたもの。前者では、たとえばニンマ派の祖師・グルリンポチェが最も人気がある。この大行者が、古代チベットの宮廷に招聘され、僧院を創る礎《いしずえ》を築いた話や、鬼神に変化しながら土着神を教化していった物語など、伝記に沿って演じられる。一方、仏教の教えを演劇にしたもので代表的なものといえば、バルド（中有）を扱ったものであろう。人が死んで閻魔大王の前に連れて行かれ、善業と悪業を天秤で計られる。そこで来世の生まれ先が決定されるのだ。これは信心深いチベット人にとってみればひとごとではなく、彼らは食い入るように見入る。

私が個人的に最も惹かれる演目は、悪霊祓いのそれである。これは、チベット密教の法要の一種なのであるが、どこかしら土着信仰めいた匂いがする。ドゥルダと呼ばれる骸骨姿の墓場の主が、小さな箱に入れられた悪霊の人形を広場の中心に持ってくる。それはどす黒く醜く造られている。この悪霊を中心に、護法神やシャナと呼ばれる神人が円を描き、自らも回転しながら、ゆっくりと足で大地を踏み叩いていく。そして最後に、ラマがプルバ（金剛橛《こんごうけつ》）でもって人形を何度も突き刺し、悪霊をこの大地から消滅させる。

こういったドラマチックな宗教儀礼は、昔から人類学者たちの関心の的であった。神々に扮した演者が円環を描きながら回り飛ぶことから、チャムのことを六道輪廻の思想や須弥山のコスモスを象徴的に体現したのだとよく説明されてきた。

ラマの扮するシャナ（ブータンのニマルン・ツェチュにて）

だが、本当にそれだけなのだろうか。チャムという芸能は私には、もっと古い、全く異なる次元にその根っこがあるような気がするのだ。

思うにチャムは元来、古代日本にもあった「反閇《へんばい》」という鎮魂儀礼に近いものではなかっただろうか。神人に扮する演者たちのその「踏みつける」所作が、よい魂（＝神）を地べたに鎮定させ、土地に居る悪い魂を抑えつけるのだ。チャムというのは畢竟、反閇の動きに、物語やリズム、そして象徴性を付与したものなのではないかと思うのである。そう感じるのは、チャムの演者のあののっそのっそとした鈍く重い足取りに、観念的な説明を拒むなんともいえない力が漲《みなぎ》っているからだ。一見華やかで象徴性に富んだ動きの底で、大地という得体の知れないものに対する畏怖の心が、この芸能には顕われ出ている。それをチベット人は敢えて語ることはないだろう。だが、大地の豊穣を願う彼らは、ラマの力足《ちからあし》にチャムの秘密を観ている。

空の宗教

チベットの一日のなかで、「真昼」が最も魅力的だといえる。あの青空が広がっているからだ。それは、我々の感覚が振り切れるほど透明で、深い。

遠くの山々の稜線《りょうせん》が、くっきり見える。空と大地のあいだには、透き通った空気が充溢している。「光の粒」のようなものが無数、突き抜けるような広大な空間に敷き詰められているといったらよいか。その青空から、心地よい風が微かに吹いてくる。それを肌で感じる。すると、自分もその透明な光の一部になり、心のなかの夾雑物《きょうざつぶつ》がすーっと晴れていく……。

チベット語で空のことを「ナムカー」という。興味深いことに、ナムカーという言葉は、「虚空」や「無」などといった宗教的な意味合いがある。一方、大地と青空のあいだの空間のことを「パルナン」という。パルは「間」や「中間」といった意味であるが、ナンは「光」や「感覚」、「出現する」、「存在する」などといった意味になる。つまり「パルナン」は、〈間にある光の現われ〉という美しい意味合いになり、これはとりもなおさず、チベットの青空に包まれたときに我々が感じ取るものである。

ところでチベット文化のなかには、空《そら》と交感しようとする強い衝動がある。際限なく拡がる空間を、巧みに取り込もうとするのだ。それは見事なものである。たとえば、タルチョ（五色の祈りの旗）を掲げる地点、仏塔を建てる場所、聖地の場所を注意深く選定し、そこに神仏の縁起の物語を付与していくと、不思議と空がいつもその世界の中心になっていく。そしてそこは、「無限」や「無」などといった形而上的《メタフィジカル》な思想を体験させる行場に

チョモランマ（エベレスト）を遥拝する

変容していくのだ。
そういう場所にひとり立ってみる。無辺の大地の上を、青空という「虚空の青の世界」で蓋《おお》い尽くされたあとに残るのはもう、〈こころ〉しかなくなる。自分の〈こころ〉との対面以外には、なんの逃げ道も許されない、開けの空間――。そこでは自分の心、無辺の空が映し出されている心のみが顕わになるのだ。
話は打って変わるが、古来より我々日本人は、「あけぼの」や「夕暮れ」といったおぼろげな時間のなかに自然の美を見いだしてきた。日本の真昼は間延びする時間であり、どうしても気だるくなってしまう。夜と昼の境界にこそ、人々は緊張感に震え、風景やものの真価が現われてきた。
対してチベットでは、日本の美の感覚では厭《いと》われがちな真昼が「いとをかし」となる。昼間こそ、チベットの大地が最も活き活きとしてくるのだ。そこでは、あらゆるものが剝き出しになり、何の秘密も秘儀もなくなる。この世で存在するのは、大地と空のみ。自分の心も体も宙に浮き、あの青空のなかに果てしなく広がっていき、そして消えていく。それは言葉を寄せつけない世界、雑念や観念が一切祓われた、「宇宙的」といってもいい世界なのである。

チベット高原に広がる青空が、どれほどチベット人の民族性や宗教性に影響を与えてきたか、はかり知れないものがある。あの青空を通して、チベット人に近づけるともいってもよいし、チベットの宗教文化を通して、やっとあの青空に邂逅できるといってもいいかもしれない。いずれにせよそこでは空は、重力に捕まった人間を上へ上へと引っ張っていく。私はチベット仏教徒にこそならなかったが、「空の宗教」の信徒になってしまったのかもしれない。

第五章　彷徨の民族アイデンティティ

チベット人とは誰のことか

チベット人とは誰か――(*)。これは至極自明なようにみえて、実はやや込み入った問題でもある。

一般の日本人が普通イメージするチベット人とは、多くの場合、亡命チベット人なのかもしれない。チベット人=「仏教徒」=「中国に迫害され亡命中」の図式がすぐ頭に浮かぶ。ダライ・ラマが、チベット人の代表的なイメージとなっているのだ。確かにこれは当たっているのだが、中国領チベットに住む数百万ものチベット人、とりわけ彼らがいかに多様な人々で、どれほど複雑な民族アイデンティティを抱えているか、あまり知られていないのではないだろうか。

まずチベット人同士、チベット語で会話できないことがある。たとえば、ラサなど中央チベットで話されるチベット語と、遊牧世界の広がるアムド(青海省)で話されるチベット語は、書き言葉は同一なものの、お互いの言葉で話しても意思を通じ合わすことができない。そのため中国語が共通言語になったりする。唐突だが、南ヨーロッパでイタリア人とスペイン人がそれぞれの言語でなんとなく意思疎通ができることを思い起こせば、その奇異さが際立つ。異なる国家間同士、同一の言語文化圏を共有することもあるが、チベットの場合、話し言葉が民族を分けてしまっている。そしてなんとも残念なことに、「ヤツら(アムド人)は違う民族だ」などといってのけるラサ人は少なくない。

生活レベルの領域でも、太い一線が引かれ始めている。近年のラサの急速な経済発展により、裕福なチベット人層が出てきたのである。彼らは政府の役人、技術者、企業家などであるが、マイカーや最近流行の iPhone

ジョカン寺前にて

はもちろんのこと、新築マンションなどの不動産投資に深く関わり、経済的に非常に潤っている。さらには、中学生の子供を中国内地に留学させ、自らも海外旅行にも行き（＊＊）、チベット人というよりもアジアの上流階級といった体である。その一方ラサには、砂と汗にまみれながら一心に五体投地で祈りを捧げる山奥からの巡礼者たちも数多くいる。彼らは地元ラサ人から「バター臭い」などと揶揄されることも多い。つい十年前まで、チベット人全体に対してそのように漢民族からいわれていたが、全く隔世の感である。

言語や経済の領域だけではない。宗教でいえば、チベットには仏教のみならず、原始宗教であるボン教、またイスラム教もある。私の住んでいる宿のすぐ隣には、チベット人イスラム教徒が集まるモスクがあり、時折コーランの響きが漏れ聞こえてくる。そしてチベット人の共産党員はもちろん、建前上は「無宗教」ということになっている。二〇〇八年春の抗議デモ以降、チベット人の公安警察が増えているのも非常に気になるところだ。

このようにほんの少し見ていくだけでも、チベット民族は一枚岩ではないのが分かる。彼らは、漢民族という異文化の支配民族だけではなく、違うけど同じ、同じだけど違う無数の「他者」なるチベット民族に囲まれ、独特の民族社会を形成している。そのなかで、仏教や伝統文化など、自分の信じる民族アイデンティティの基盤を揺るがされながらも、同時に〈チベット人意識〉が全体的に高まってきているのも事実だ。これは逆説であるが、多様性を抱えこんだ被支配者の生きた真理であろう。

（＊）このチベット人の多様性の話からも分かるように、本書に出てくる「チベット人」とは、厳密な意味で主体同定可能な（境界策定の可能な）特定の均一集団というのではない。この「チベット人」という言葉は、チベットに確かに流れているある種の精神性について平易に語ろうとする試みのため、いわば暫定的な意味合いのように使っている。主語・主体に拘泥するよりも述語の部分、つまりは、「どのチベット人が」というのではなく「（チベットには）……ということがある」という動態そのものに注目して読んでほしい。

（＊＊）ただし現在（二〇一五年）のところ、チベット自治区に戸籍を持つチベット人は海外に気軽に行けない状態となっている。治安当局が二〇一二年の秋から翌年の春ぐらいにかけ、自治区のチベット人からパスポートを没収したのだ。その半年ほど前に、数千人以上ものチベット人がダライ・ラマのカーラチャクラの灌頂を受けにインドに行ったのが直接の原因である（本書第六章「贈与の原理」）。当然ながら、このパスポート強制没収に対するチベット人の不満は大きい。

ベジタリアンになる「肉食系」チベット人

チベット人ほど肉好きな民族はそう多くはいないだろう。遠く古代から現代にいたるまで、ヤクや羊の肉がチベット民族を育んできた。農作物の育ちにくい環境のなか、動物の肉が生きていくために不可欠な栄養源だったのだ。塩茹《しおゆ》でしたヤク肉などは非常に美味で、僧俗問わず好まれてきた。意外に聞こえるかもしれないが、ダライ・ラマなどの高僧でさえ肉食であったのだ。

しかしラサでは二〇〇五年前後から、ちょっとした菜食ブームとなっている。きっかけは、不殺生運動を始めた高僧ジグメプンツォ（一九三三―二〇〇四）に啓発されて作られたドキュメンタリーDVD。そのメッセージは、捕えた動物を放す「放生《ほうじょう》」の尊さを伝えるものなのだが、その映像たるやなんとも凄まじいものなのである。

「我々の快楽、我々の美味しい食事は、すべて他の生命の惨殺の上に成り立っている――」。このようなラマのメッセージの後に続くのは、ヤクがゆっくりと殺されていくプロセスの赤裸々な映像である。

数十頭ものヤクが、工場のような無機質な建物のなかで、片足を鎖で繋がれ天井から吊り下げられている。それらが一斉に喉を大きく包丁でかき切られる。ほとばしる血。足をばたばた痙攣《けいれん》させながら暴れる胴体。首はまだかろうじて繋がっている。そういった苦しみのなか息絶えていくヤクたちが画面を覆う。

瞠目《どうもく》させられるのは、このヤクを屠《ほふ》るシーンと、世界で起きた戦争の虐殺シーンを交互にダブらせている点である。人間の首の山、切断された四肢……。生々しいシーンが続いた後に、再びラマが現われ説法を説く。「……実際上、戦争と我々人類が動物に対して犯している虐殺は、全く変わらない」。

このDVDはラサで大変な反響をもって迎えられた。一部の熱狂的な若者や信心深いチベット人たちを中心に、肉を一時的にもしくは一生涯断つ者が増えていったのだ。菜食のことをチベット語でカルキョン（「白を護る」の意味）というが、「赤い」食事である肉を断ち、「白い」大麦やバターなどの乳製品、野菜へ転向していったのである。カルキョンの流行とともに、巡礼路の飲食店では「白い料理あります」の看板が掲げられるようになった。このあたりの勢いのよさは、いかにも信心深いチベット人らしい。

実をいうと右の映像は、彼らがこれまで見聞きしてきた屠殺の方法とは相当かけ離れていた。伝統的な方法では、ヤクの胸に切り込みを入れ、職人がそこに腕を入れて心臓の血管を握り引っこ抜くもので、一瞬で終わる。また、仏教の教えから、肉体的に死んだヤクでも「魂」はしばらく宿っているとされ、それがちゃんと体から出

チベット人の主食であるヤク

ていくまで解体されず一日ほど放置される（＊）。

自分たちが食べる分だけヤクを屠る時代は、チベット人が気づかないうちに終わっていた。市場経済が導入され、利益追求のためヤクを工場のなかで機械的に大量屠殺していくようになったのだ。

この時代の急速な変化を、苦痛に悶《もだ》えるヤクの身体を通して、チベット人は感じ取ったのかもしれない。映像で語られていたのは不殺生の教えだけではなく、現代チベット人がいつの間にか生活の拠り所としてしまっていた利便性や快楽をも、裏側から鋭くえぐっていたのだ。現代化と仏教の相克のなか、チベット人は民族の伝統食を改めて見つめなおそうとしている。

（＊）厳密には「魂」（ラ）ではなく「意識」（ナムシェー）。チベット仏教の教義では、人間を含めすべての生き物は亡くなったあと、そのナムシェーが肉体をゆっくりと離れ、来世に旅立つとされる。鳥葬の儀礼は、遺体からナムシェーが去ったのを確認したあとに執り行なわれる。

青蔵鉄道が巡礼体験を変える

この数年ほど、チベット各地から多くの巡礼者がラサを訪れている。当局の厳しい監視下にありながらも、人々の巡礼熱は冷めるどころかますます熱くなっている（＊）。その牽引力となっているのが、二〇〇六年に開通した青蔵鉄道である。アムド（青海省）やカム（東チベット）とラサをダイレクトに、そして快適に繋いでいる。

この青蔵鉄道は、中国人はもちろん外国人観光客のあいだでも大変な人気となっている。標高五千メートル

青蔵鉄道に乗る遊牧民たち

を超える峠を通過しながら、草原や雪山をまさにパノラマのように鑑賞できるのである。そのうえ飛行機と違い、ゆっくり高地へ上がるため高山病にもなりにくい。天空のなかをつき進むこの夢のような高原鉄道に乗るため、チベットを訪れる日本人観光客も増えている。

そしてこの青蔵鉄道が、今や東北チベットの人々の重要な巡礼の足となっているのだ。彼らの多くは遊牧民。この数年、生まれて初めて鉄道に乗った人々も多かったであろう。青蔵鉄道は中国のチベット軍事支配の手段などとメディアでよく語られるが、もうひとつ看過できないのが、この鉄道によるチベット人の「空間感覚」の劇的な変化である。

つい半世紀ほど前まで、地方の人々がラサへ行く手段は、徒歩もしくは馬などの動物であった。数百、否、一千キロ以上、数カ月以上にわたる長旅である。様々な障害もあった。極寒と飢餓、疲労、賊の襲撃、大雪や雹《ひょう》、砂嵐、河や峡谷を歩く危険。そういったなかを、ある者は五体投地で進んでいく。まさに巡礼そのものが死に近づいていく苦行であった。肉体的に苦しめば苦しむほど、穢れや罪業が浄化されるとの根強い信仰があったのである。

そこにこの数十年来の交通網の充実化、そして青蔵鉄道の開通である。今ではチベット文明の極北である西寧からラサまで、一日ベッドで横になり車窓を眺めているだけでラサに着く。

鉄道という乗り物は、十九世紀初頭のイングランドで誕生した。ドイツの近代史家シヴェルブシュはその著書『鉄道旅行の歴史』（＊＊）のなかで、当時のヨーロッパ人が体験したこの決定的な事柄を、「時間と空間の消滅」（annihilation of time and space）と巧みに説いた。蒸気機関の鉄道が全国に完備された結果、馬車や徒歩の旅に慣れた人々はコンパートメントという密室空間によって自然の息吹や匂いから隔離され、「中身のない」没感覚的な時間を過ごすことになる。そして最も決定的なことは、旅の目的地がかつて放っていた魅力や聖性のオーラがまたたく間に消え去ってしまったことであった。「長い時間をかけてかの地に赴く」というこれまでの困難さが奪われた後には、その場所に纏《まつ》わるすべてのモノ、その場でしか体験できないことが、交換価値という経済的な基準に容易に変換されていく。

鉄道の発達による「時間と空間の消滅」とは、リアルな肉体感覚の喪失のことであり、産業化に伴う人間性の剝奪ということに繫がっていく。そして、「聖なるもの」や「聖なる体験」といったものまでが限りなく軽く薄くなっていきながら、ついには平凡化（商品化）されることにもなりかねない。我々はモダニティ（現代性）と呼ばれるこの時代風景に慣れすぎてしまった感があるが、チベット人の経験しているそれはあまりに急激である。

たしかに鉄道は、巡礼というチベット古来の習慣を支えていることは事実であろう。しかし同時にそれは、

〈聖地〉という彼らの伝統的な空間感覚に重大な変容をもたらしていくような気がする。

（＊）本書第二章「グルリンポチェの予言、ハリウッドの予言」を参照。

（＊＊）『鉄道旅行の歴史：19世紀における空間と時間の工業化』（一九八二）ヴォルフガング・シヴェルブシュ（法政大学出版局）。

パンチェン・ラマ十世の娘と会う

十数年前、イギリスのオックスフォード大学で国際チベット学会（＊）が開催された。世界中から五百人近くもの研究者が集まる大きな学会だったが、そのなかでゲストスピーカーとして招待されていた、ひとりの美しい女性がいた。彼女の名はリンジン・ワンモ。故パンチェン・ラマ十世の一人娘である。パンチェン・ラマとは、チベット仏教ゲルグ派の活仏であり、ダライ・ラマに次ぐ地位にある大ラマである。

ダライ・ラマがインドへ亡命した一九五九年。共産中国に留まる道を選ぶことになったパンチェン・ラマは、中国領チベットの新たなリーダーとなった。しかしちょうどそのころ、文革の嵐がチベットにも吹き荒れようとしていた。彼は、中国の強権的な悪政により、多くのチベット人が飢餓に苦しみ、仏教が弾圧されているのを目の当たりにすることになる。そして、抑圧的な政策を中止するよう「七万語の請願書」と呼ばれる嘆願書を北京に送ったのだった。

これが中国首脳部の逆鱗《げきりん》に触れる。パンチェン・ラマは公開の場で糾弾され、自己批判を強要され、さらに投獄された。十年間の牢屋生活の後も、しばらくは幽閉状態であった。

しかし彼はその不屈の精神で、一九八〇年代に政界に蘇る。そして改革開放路線の波に乗り、チベットの文化を復興させるために尽力していく。それとともにチベット人の彼への信仰心も一気に高まっていった。そして、天安門事件で中国が揺れた一九八九年、「チベットはその発展よりも、それ以上の代価を払ってきた」などと中国批判ともとれる演説をするが、その数日後に謎の死を遂げる。当然のことながら、多くのチベット人は「タイミングのよすぎる」この死を自然死だとは思っていない。つまりはチベット民族のためにパンチェン・ラマは殉死した（殺された）のだと。

幼少のころのリンジン・ワンモと父母

学者臭い集まりに呼ばれたその女性は、この世のものとは思えないほど眩《まばゆ》いオーラを放っていた。周囲の人たちが彼女に接するその仕方のせいかもしれないが、これがいわゆる「王女」というものなのか、と感じいった。

学会のウエルカム・パーティ

の席上。幸運なことに私のイギリス人の友達が気を利かしてくれて、彼女に引き合わせてくれた。私は戸惑うままに、いまアメリカ留学中とのことだが、その後どこに行かれるのか、などと尋ねると、彼女は静かにこう答えた。「私にとってどこに行くかはあまり問題ではありません。困っている人々を助けるのが私の仕事。必要とあらばどこへでも行きます」。弱冠二十歳にして、なんたる威厳。そして続けていう。「私は日本文化に興味があります。将来は日本語を勉強してみたい……」。

欧米の空気を吸ったチベット人は日本に関心を持つ人が少なくないが、それはさておき、なんという愛らしさと金剛のような芯の強さ。現在中国は、傀儡《かいらい》のパンチェン転生活仏を擁立し、チベット仏教の統制に躍起だが、悲劇的なほど彼はチベット人から支持されていない。ダライ・ラマが認めた本物のパンチェン・リンポチェではないからである。本当に可哀そうになってくるぐらい無視されている（＊＊）。代わりに、リンジン・ワンモがチベット人たちの人気を博している。当然といえば当然であろう。

女犯が絶対許されないゲルグ派。その活仏が還俗させられ女児をもうけたが、今こうして「新しいタイプの転生」を目の当たりにすると、チベットの伝統とは何か、改めて考えてみたくなる。

（＊）International Association for Tibetan Studies（IATS）。世界最大のチベット学の学会であり、数年に一度主に欧米諸国において開催される。右の話は二〇〇三年のオックスフォード大学での出来事。

（＊＊）普段は中国に住むパンチェン・ラマ十一世が、自分が座主であるチベットのタシルンポ寺に訪問する際、地元シガツェの人々は政府機関から一定の報酬を得て、謁見・参拝に来るよう要請されていることは周知の事実である。また余談であるが、ラサでは、中国政府の選んだこの十一世の写真は売られていない。十一世は崇拝・尊敬の対象とはなっておらず、ゆえに、人々は彼の写真など買わないからである。そのかわり先代の十世のものが大変人気だ。

中国で愛国エリート教育を受ける子供たち

二〇〇〇年の秋、初めてラサに住み始めてから一カ月ほどたったある日のこと。チベット大学の外国語学部の学部長から突然の訪問を受けた。大学はその年新たに日本語学科を設置し、日本語専攻の生徒も入学させたのだが、肝心の先生がいないという。そこで「講師をやってくれないか」と依頼をしてきたのだ。私は喜んで快諾した。それがその後二年続く、日本語を学ぶチベット人の若者二十人との交流の始まりであった。それは私の一生の思い出となった。そして人類学徒の私にとっては、「現代チベット」の迷宮への入り口となった(＊)。

彼ら彼女らはチベット人らしく陽気で明るく、才気溢れる若者たちだった。雰囲気はチベット人の若者のそれだったが、ただ一点、重要な一点が他の多くのチベット人と違っていた。彼らはチ、ベ、ッ、ト、語、が、で、き、な、か、っ、た、のである。

チベット自治区では、小学校を終えた優秀な子供を中国に送り教育を与えるプログラムがある。費用の大半は政府が負担し、中国の政治思想に同調的な「エリート・チベット人」を養成するのがその目的である。毎年送られる生徒数は約千数百人。完全な全寮制であり、最初の数年間は休暇中でさえ帰郷は許されない。そういう半ば閉鎖的な環境のなかで、漢民族の教師によって、中国語の教科書を用い、理科や歴史などすべての教科を勉強していく。おのずとチベット語も忘れていくようになる。

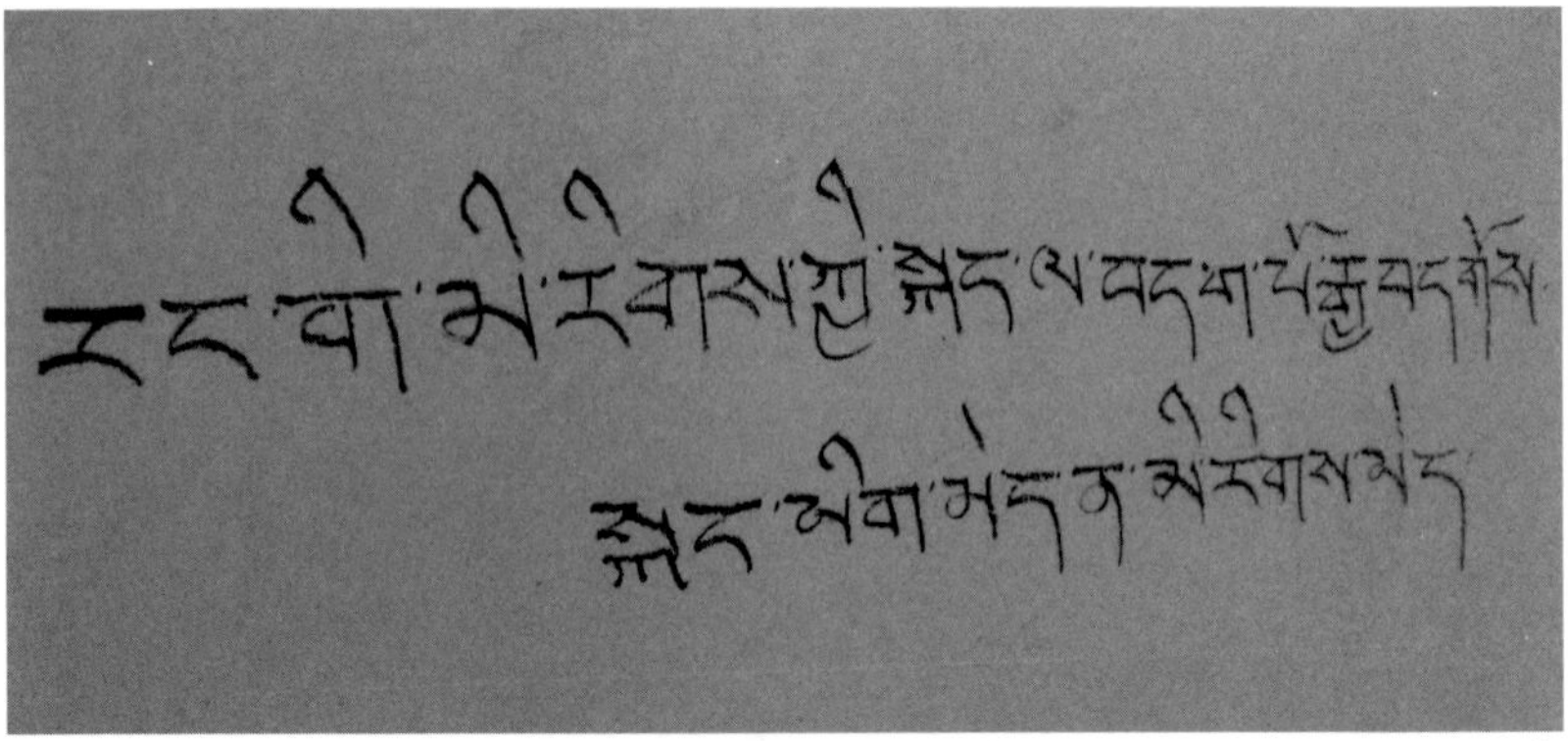

ラサの公衆トイレの落書き。「自身の民族言語に対して、自覚的になろう。言語が無ければ、民族も無い」

私の生徒たちは、そういうチベット人であった。チベット語の読み書きがほとんどできないのである。チベット語の小説も読めず、手紙も書けない。みな漢語なのである。話し言葉はかろうじてチベット語だが、漢語が入り混じったハイブリッドな言葉になってしまう。

意味不明な言葉を混ぜて話す人間のことをチベット語で「ラマルク」という。「ヤギでも羊でもない」という意味であるが、漢語混じりのチベット語を話す同胞への侮蔑語である。私の生徒たちは典型的なラマルクであった。

中国の漢化政策だとの批判はむろんされうる。十代の多感な時期に、チベット語やチベットの伝統習慣から離れ、漢民族のそれに親しませるというのは、チベット亡命政府が非難するような「民族文化の虐殺」に直に繋がっている。しかし、ここで一呼吸おいて考えるべきは、この転地教育プログラムが当のチベット人のあいだで大人気となっているということである。自分の子供にチベットでは享受できない「質の高い」高等教育を受けさせ、将来の社会的・経済的な安定を確保しようとするのである。実際にこのプログラムの参加者たちの多くは、政府の官僚や起業家、技術者などの専門職に就き、チベット社会の中枢を構成していく。

しかし興味深いことに、ここで再び反転がある。彼ら中国帰りのチベット人たちは、チベットの文化や習慣から疎外されてしまったがゆえに、逆に自分たちの民族意識がより一層強くなっているのだ。剝奪されたものへの希求というべきか。また、もともと優秀であるうえに、外国留学のような異文化体験のため、チベットの現況や自分自身を客観的に見ていく知恵も意志も備わっている。私は大学の授業の中と外で、彼らの深刻な漢化とチベット民族としての誇りを両方目の当たりにすることになる。

この転地教育プログラムによって「チベット人らしくないチベット人」が増えてきているのは事実であろう。しかし、中身をちゃんと丁寧に見ていかないと、複雑でリアルな様相は捉えられない。さもなければ、「信仰心の篤い漢化されたチベット人」が救われなくなってしまう。民族問題というものは同化と排除の原理で貫かれているものだが、チベットに関心のある我々のほうも冷徹な眼が必要になってくる。

（＊）それがそのまま博士論文の主テーマになろうとは、当時は想像だにしなかった。Daisuke Murakami（2011）*National Imaginings and Ethnic Tourism in Lhasa, Tibet — Postcolonial Identities amongst Contemporary Tibetans* — Vajra Publications. Kathmandu, Nepal.

市場経済という見えない受難

私と同世代のそのチベット人は民族心の強い男であったが、他の同胞たちと大きく違うところがあった。

代々シャーマンの家系であった彼は、世の中のことをどこかクリティカルに見ていく性癖があった。私たちは気がよく合い、彼はその鋭い直観力を身体の表面に漲《みなぎ》らせながら、仏教に対して世の中に対してシニカルな視線を投げかけては軽快な言葉を放つのだった。

ラサがまだ貧しく、信心深いチベット人で溢れていた頃である。あるとき彼は私にこう語った。仏教は心の面で役に立つ。でも物質的な面ではどうか。来世のことばかり考えているため、今の幸福を犠牲にすることが多いのではないか。貧乏でお腹が減っている人にはラマがどんなに素晴らしい説法を説いてもだめだ。そういう人には食べ物を与えなければ……。

彼には彼なりの論理と体験があった。シャーマンの家系であったことから、父や祖父は文革時に「迷信」を扇動する者として迫害された。その背景もあってか、彼は若くして共産党員になった。それで物質主義・科学主義のイデオロギーを徹底的に叩きこまれることになる。

しかし、運命とは不思議なものだ。ひょんなことから彼は西欧音楽家としての道をも同時に歩むことになる。感性を極度にフル稼働させるシャーマンの血は、彼を単純なイデオローグになることを許さず、しなやかなバランス感覚を養うよう仕向けたのだ。

ところで、仏教に対する中国共産党の批判は古い。毛沢東はダライ・ラマ十四世との会談で「宗教はアヘンだ」と語った。文革時代には、何千もの僧院は破壊され、僧侶は強制的に還俗させられ、チベット仏教は大弾圧を受けた。

しかしながら、チベット仏教を抑圧し、人々の信仰心を弱めようとする長年の中国の試みは不毛であった。困難な状況にどんなに弾圧されても、多くのチベット人は仏教徒であることを心から棄てることはなかった。

あるからこそ一層、反骨的な信仰心が養われるような側面があったのだ。

　しかし二十一世紀の今、共産党のイデオロギーは影をひそめ、代わって人々の生活に深い影響を及ぼしているものがある。怒濤《どとう》のような資本主義経済である。その怪物は、人々の物質的欲望を刺激し、増殖させ、培養することにより、チベット人の信仰心をまるごといっぺんに中国の市場経済の秩序のなかへ入れ込もうとしているのだ。

　政治イデオロギーによって大衆を操作しようとしていた昔とは違い、大衆自らが自らの欲望に従って物質的豊かさの神話に参入する。今やチベット人が戦うべき相手は外部ではなく、自身の心のなかに巣食っている。それはもはや「敵」かどうかさえ分からない。

　調和とバランスを求める、音楽家＝シャーマンの彼が今そばにいたら、私にこう叫ぶだろう。仏教が心の空腹を癒すのではなかったのか！　今では商品がチベット人の新たな宗教（チョー）になっている。我々チベット人がチベット人であることをやめて何の意味があろう?!

バルコル近くに新しくできた巨大ショッピングセンター

チベット民族は、つい十年前には想像し得なかったほどの経済的恩恵を被った。この怪物とどのように対峙すべきか、今のところ当惑しきっているように見える。「目に見えない」受難が始まったのである。

ラサからブータンに行って見えてくるもの

ネパールのカトマンドゥ経由でブータンの首都・ティンプーに向かう。ブータンの国営航空・ドゥルクエアー。機内の案内はすべて英語、そして国語であるゾンカ語である。チベット文字が優先言語として国際便の案内で使用されている。空港に降り立つと、まず我々を迎えてくれるのは歴代国王の巨大な写真である。そして、その上には"103 Years of Peace, Unity and Happiness"とある。空港から首都ティンプーに行く道には不自然なほど商業看板がないばかりか、抑圧的な政治プロパガンダも一切掲げられていない。そして街中の道々には、それぞれ「仏塔通り」「菩提通り」「禅定通り」などと名前がつけられている。「民族路」「北京路」「解放路」と無粋な名前を与えられたチベットの都市とはまったく趣が違う。

ヒマラヤ山脈の東端に位置するブータン王国――。この国は小国であり、親日国であり、そして仏教国である。人口約七十万、九州ほどの大きさでありながら、国民の多くは、上は国王から広く一般大衆にいたるまで熱心なチベット仏教徒である。先月この国を少し旅したが、ラサに長年住んでいる私の目にはとても眩しく映ったのだった。非常に羨ましかったのである。龍の国旗が堂々と掲げられ、人々は新しい王室の噂話に興じ、子供たちは日本の着物のような民族衣装を着て田んぼ道を通学する。巡礼するにも監視の目など気にする必要はなく、もちろん、自動小銃を持った軍隊が街中を警備することはない。ブータンには、「あるべき日常」が

ブータンのニマルン・ツェチュにて

当たり前のようにあった。

　中国領チベットでは、半世紀以上にもわたって仏教が政治・社会の中心から引き剥がされてしまっている。今現在の様相を人体に譬えるなら、背骨を複雑骨折させられ、さらに、捻じりを加えられ、半死の状態のまま科学主義・市場経済という名の強力な麻酔を打ちこまれ続けているといえよう。

　ブータンの「背骨」はか細い。インド・中国といった超大国に挟まれ、外国の援助なしには成り立たない、経済的・軍事的にいかにも貧弱な国なのである。しかしながら、仏教の教え、日常のなかで生きている伝統を国家の精神的支柱にそえて、堂々と国際社会のなかに立ってきた。その最も顕著な実践がＧＮＨ（Gross National Happiness：国民総幸福量）であろう。ＧＤＰ（Gross Domestic Product：国内総生産）で示されるような金銭的な豊かさではなく、国民の充足感を国家の支柱に置いたのである。この「仏教の教え」を基にした国家戦略は、近年世界中で注目されてきている。


民族衣装「ゴ」を纏ったブータンの若者たち

一方、「幸福感」というものを重大な国家目標に掲げるのは、打算が見え隠れするのも事実である。ＧＤＰという概念が、政治権力が他国に誇示するために援用されるのと同じく、ＧＮＨもブータンに憧れる先進国の人々の眼差しを意識しているのは明らかである。敢えてうがった見方をすると、外国から多大な援助を享受しながらの「国民の幸福」は、あまり説得力がないとさえいえる。

しかしそれでも、この小国とそこに生きる人々の「こころの背骨」がすっくとまっすぐ伸びていることに、旅のあいだずっと静かな感動を覚えていた。ブータンは、仏教の精神を国際政治という俗世へ直に接合させることによって、自らの伝統価値に国民を目覚めさせ、それを国民のアイデンティティに昇華させようとしている。それは見事なものだ。

チベットの大地は中国などに併合されたが、ブータン王国は世界で唯一チベット仏教を支柱に置く独立国家として、この二十一世紀に奇跡のように生き残った。山々に囲まれたあの美しくのどかな農村の連なりには、チベット精神文明の牙城として巨大な歴史的任務が広がっている。ブータンは、ＧＮＨという知恵を守り、同時に乗り超えながら、本土チベット人たちの来《きた》るべき将来のひとつの〈あるべき姿〉として、これからも背筋のぴんと伸びた仏教国家であり続けてほしい。

We're no monks

チベットは映画の題材にされることが多い。有名なものの多くは欧米のものであり、ハリウッドの『セブン・イヤーズ・イン・チベット』や『クンドゥン』などが代表的なものであろう。数年前、それら神秘的で仏教的なイメージに挑むかのような映画が亡命チベット人によって作られた。『We're no monks』（『俺たちゃ坊主じゃない』）である。

これは物議を醸した問題作であり、亡命チベット人のあいだでも賛否両論がある。実際私の知人のチベット人は「赤裸々に描きすぎる」と嫌悪感を隠さなかった。それほどのメッセージ性をもつこの映画は一体どんなものなのであろう。

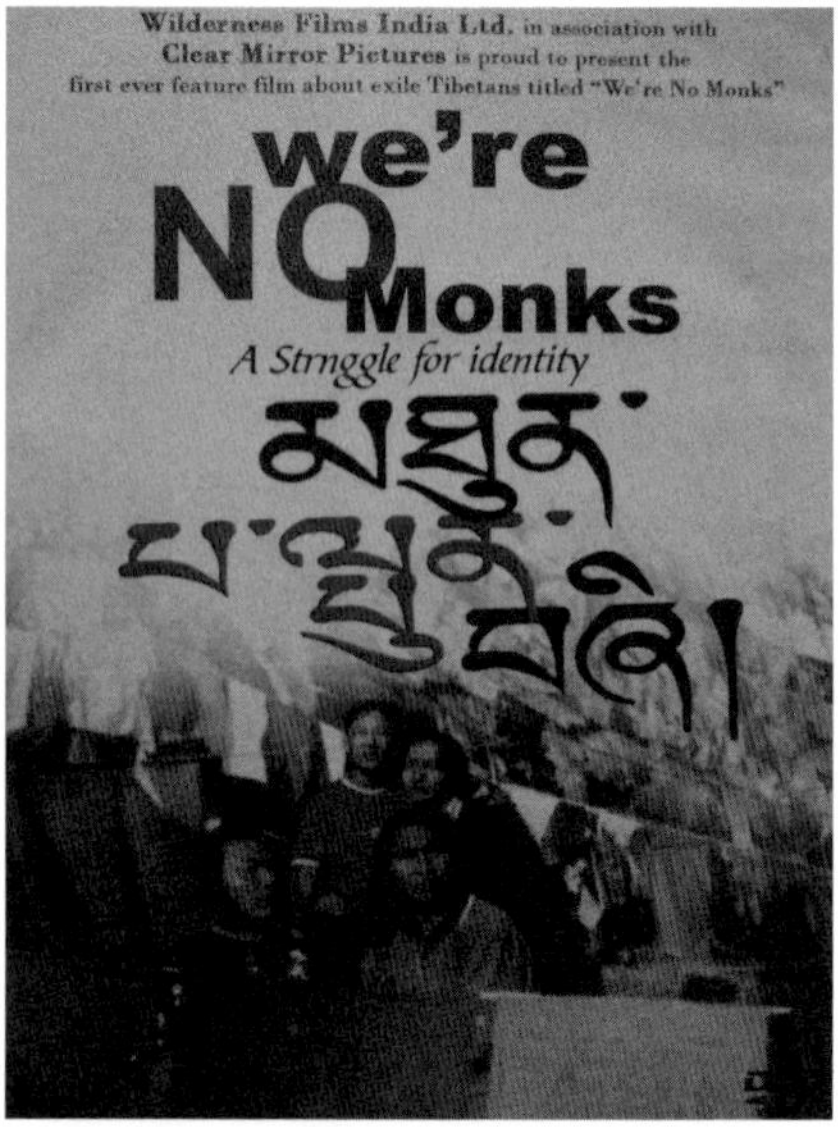

映画「俺たちゃ坊主じゃない」（ペマ・ドンドゥップ監督 2004）のDVD

場所は北インドのダラムサラ。亡命チベット政府の所在地であり、ダライ・ラマをはじめ多くのチベット難民が住んでいる。映画は主人公の一人である若者の挑戦的なビデオ声明から始まる。「……チベットではいまだに人が殺されている。難民も毎年増えてきている。破壊も続いている。でも、世界は我々にどんな手を差し伸べてくれたのか？　空虚な慈悲心だけである。我々は利己的な世界に生きている。誰も他人のことなんか気に留めない……。この世のすべては〈我（エゴ）〉である。民族として我々はこのことを真剣に考えるべきだ……」。

一向に改善しないチベットの状況への不満と怒り。ダライ・ラマの唱える非暴力主義への絶望感。国を持たないため前途が見えず、自暴自棄になっていく若者たち。また、「難民」であることからインド治安当局からはやっかい者扱いされる。もちろん若者特有の、家族の日常の問題にも向き合っていかねばならない。この映画で描かれているのは、国がないために自分の未来をまともに描くことのできない若者の現実と、その現実を一歩でも進ませよう、もしくは、そこから逃げ出そうとする生身の人間そのままである。

そしてそこでは、「汝の敵を敬いなさい」と説く仏教の尊い教えは邪魔でさえある。自分たちの力で自分の運命を、民族の運命を決めていくとしたら、それは何なのかというぎりぎりの問いのなかで、ある若者は仲間を出し抜くように、淡々とアメリカ行きへの準備を進めていき、またある者は、これまた淡々と、デリーの中国大使館近くで抗議のダイナマイト自爆を決行していく。

多くのチベット人にとって、自分たちの国があるというのが「事実」で、難民であるというのが「非現実的」であるべきなのだが、長年亡命を余儀なくされている彼らの実感では、先の見えない難民生活のほうがよっぽどリアルであり、「独立国家チベット」というのが、限りなくファンタジーに見えてきている。そういう現実とファンタジーが交差していく矛盾が、最近チベット人を極端な方向へ走らせている（＊）。我々外部の人間が思いを馳せるべきは、チベット仏教の素晴らしさだけでなく、我々と同じような感覚で生きている人間としてのチベット人であろう。それは忘れてはならない。

（＊）二〇〇九年以降発生している、チベット人による抗議の焼身自殺。本書第五章「抗議の焼身自殺は「仏教」か」を参照。

民主主義という挑戦

近年、インド・ダラムサラを拠点とするチベット亡命政府において、ある改革が推し進められた。ダライ・

ラマを頂点とする政治機構から、民主的な体制への移行である。

過去五世紀近くに渡って続いてきた、チベット政府・ガンデンポタン。「兜率天《とそつてん》の宮殿」の意味であるこの神聖政府は、「僧形の王」ダライ・ラマを政治および宗教の最高権力者として君臨させながら、仏教を軸にチベットを存続させてきた。しかし二十世紀半ばの中国の侵攻、長引くインドでの亡命生活、十数万に膨れ上がるチベット難民、そして近年の国際政治情勢のなか、政治体制の根本的な変革が求められていた。

それが結実したのが二〇一一年。行政執行権などダライ・ラマの政治権力が、内閣や亡命議会などに譲渡され、同時にダライ・ラマは政治の表舞台から引退し、「チベットの象徴」として新たに規定されたのである。今では亡命政府の最高指導者は宗教者ではなく、同年に民主選挙によって選出された、学者出身の若い世俗人（ロブサン・センゲ氏）になっている。

これは亡命チベット社会にとっては、大きな賭けだ。仏教徒である多くのチベット人にとって、観音菩薩の化身であるダライ・ラマは信仰の対象であると同時に、現世に迷うチベット人を力強く導いてきた偉大なリーダーであった。それが今では、仏教の伝統の「外部」から選ばれた者にその大任が委ねられている。いくら有能で人望が高くとも、ラマに熱心に帰依し一途に後を追っていた今までとは根本的に異なる。

ここで思い出すのは、隣国ブータンの例である。ブータンでもチベットと同じく、リーダーである国王に対する尊敬の念は頗《すこぶ》る篤《あつ》い。しかしながら先代の国王であるジグミ・シンゲ・ワンチュクは数年前、自ら絶対君主制を廃止し、民主的な選挙で選ばれた首相を国家の長に据え、ブータンの未来を国民自身にゆだねたのだ。

ブータンは国民総幸福量（GNH：Gross National Happiness）という「国民の幸せ」を国家目標として掲げる国として世界に知られている。ブータンの民主化改革は、国王に統治されている限り我々は幸せだという「国

ガンデンポタン政府のあったポタラ宮殿

王にすべて頼りっきり」の状態から脱却し、急速な現代化のなか、ブータン人が各々自覚を持って幸せを摑むように、という国王自らのメッセージのように思える。

リーダー論でよく指摘されることだが、カリスマ性ある力強いリーダーは、危機的な状況を突破するときに求められ、事実、有効に機能していくことが多い。しかし一方で、彼に従順についていく人々の個々の責任感や決断力は極度に劣化し、それは長期的に見ると社会全体にとってマイナスとなる。

チベット亡命政府はブータンとは違い、固有の領土や軍隊がないまま、人々を束ねていかねばならない。首相を頂点とする新しい政治体制は、国家主権が皆無のなか、非常にアクロバティックなリーダーシップが要求されている。二十一世紀を生きる個々のチベット人にとっても新たな挑戦となろう。今後の行く末を見守っていきたい。

抗議の焼身自殺は「仏教」か

一九九八年六月、私は北インドにあるチベット亡命政府の拠点ダラムサラにいた。初めてチベット人たちの生きている世界に触れ、大変興奮したのを今でもよく覚えている。そのなかでひとつ、印象に残った出来事がある。それはダラムサラの寺院のある大法要に参加したことであった。

私のダラムサラ旅行のほんの数カ月ほど前のこと。インドの首都デリーで六人のチベット人がハンガーストライキを開始した。中国によるチベットの抑圧を国連に訴えるための抗議行動であった。「チベット青年会議」と呼ばれる組織が主催したこの行動は、メディアの注目することとなり、ダライ・ラマが、ハンストという「自身への暴力」を思いとどまるようその場に駆けつけたころには、盛り上がりは最高潮になっていた。

その直後である。ストライカーの一人が公衆の面前で焼身自殺をしたのだ。この時点でハンストは中止になり、国連はチベット問題を総会で議論することを約束した。

私が目の当たりにした大法要とは、焼身自殺をしたこのチベット人（*）の「四《し》十九《じゅうく》日《にち》」であったのだ。チベットのために命を自ら捧げた者が、よりよい転生を成し遂げるようにとの大祈禱であった。チベット国旗と彼の大写真、そして多くのキャンドルライトで彩られた大寺院前の広場には、千人をも超えるチベット人たちが祈りを捧げ、彼らは何度も何度も流される焼身自殺の映像を食い入るように見入っていた。

チベットについてほとんど無知であった私にとって、たいへんな衝撃であった。頭では知っていたが、実際にそれが目の前に「とても自然に」繰り広げられていた。翌日、疑問に駆られてハンストを主催した「チベッ

2012年5月には、巡礼者たちが五体投地を捧げるジョカン寺前で抗議の焼身自殺があった

ト青年会議」の幹部の方に会いにいった。もちろん焼身自殺という手法について問うてみたかったのだ。彼は一旅人に過ぎない私に、とても丁寧にチベットの現代史について話してくれたあと、最後にこう語った。

「……これら六人のハンガーストライカーたちは六百万のチベット人を代表している。ダライ・ラマ法王がおっしゃるよう、ハンストはある種の暴力なのかもしれない。でも仏教の教えでは、場合によっては、暴力でさえ慈悲の行ないとなりうる……仏陀が過去世を生きているとき、〈自殺〉をした。彼がそうしたのは、飢えた虎たちへ自分の血肉を捧げるためである。焼身自殺をした者も含めあの六人は、同胞チベット人のため、とても宗教的な行為をしたのだ」。

数年前から報道されているよう、中国のチベット地域では僧俗問わず抗議の焼身自殺をする者が後を絶たない。すでに百人を超えている（**）。私の住んでいる宿のそば、ラサのジョカン寺前でも起きた。

それにしても、有名な釈迦の前生の逸話「捨身飼虎《しゃしんしこ》」

で、焼身自殺を正当化してもいいのであろうか？　何か違う。心のあり方を説く仏教の教えが、集団を鼓舞するイデオロギーに変貌してしまっている。焼身は、中国の抑圧とチベット民族としての誇りの葛藤が先鋭化した結果の衝動的な行動であろう。だが、他国が中国を重んじる国際情勢のなか、この自殺の連鎖は誰をも益しない。本当に誰をも益しない。残されたチベット人たちにはさらなる抑圧が待っており（実際そうなった）、そして欧米でも日本でも一過性のニュースで終わってしまう。だから悲しいのだ。

抗議の焼身自殺は、仏教の教えに合致する、反する云々の話ではなくなっている。死んでいった人たちのことを考えるとその善悪も簡単に判断できるものではない。ただひとつだけいえるのは、彼ら彼女らの死は確かに、残されたチベット人のなかで深く、とてつもなく深く、刻み込まれていることだ。

（＊）トゥプテン・ンゴドゥップ。チベット現代史における最初の抗議の焼身自殺者として、亡命社会では「ヒーロー」として名誉を与えられている。

（＊＊）著名なチベット支援グループであるInternational Campaign for Tibetが、チベットで近年起きている抗議の自殺について詳細に報告している。http://www.savetibet.org/resources/fact-sheets/self-immolations-by-tibetans

第六章　仏教　日本とチベットを繋げるもの、隔てるもの

日本人神話

一世紀前、セラ寺の学問僧としてラサに十年間滞在していた多田等観。ちまたに住むラサ人からダライ・ラマ十三世まで様々なチベット人と幅広い交流を持った等観だが、当時のチベット人の日本人に対する印象をこう記している。

「チベット人は日本人に対して非常に親しみを持っておる。宗教的関係、人種的関係、言葉の関係、あらゆる関係が基になって日本に対して特別の親しみを持っておる。……チベット人自身はどんな階級の人でも日本人といえば、ごく親しみよい人間として考えておるのでございます」(＊)。

二十世紀初頭、ヨーロッパ列強と中国に囲まれ、近代化の途上についたばかりのチベットは、「仏教徒」である日本人に並々ならぬ共感と期待の眼差しを向けていた。日本の軍国主義時代のただなか、ラサのダライ・ラマ政府のなかには、対外的に急進する「仏教国日本」に対して不思議なほど親近感があったのである。これは当時ラサにいた青木文教など他の日本人やイギリス人官吏の報告のなかにも見られる(＊＊)。

そして、百年後――。中国によるチベット支配が完遂して半世紀以上経つが、現在のチベット人たちは日本のことをどう思っているのだろうか。

まず挙げられるのが、中国の愛国主義教育で喧伝される「日本＝祖国の敵」のイメージである。反日プロパ

法要のため、ラサ・ネチュン寺の内院に集まるセラ寺の僧侶たち

ガンダはチベットでも流され、「日本人は残虐で愚か」と思われることも少なくない。非常に残念なことだが（そしてある意味、仕方がないのかもしれないが）、幼少期から見せられる反日ドラマはチベットでも絶大な影響力を振るっているのである。

一方、ラサに長く住んでいると、全く別の日本観が緩やかに流れているのに気づく。「礼儀正しい」「謙虚」「思いやりがある」といった言葉がチベット人の口をついてくる。そして彼らのあいだでは、それら日本人の美徳は「仏教徒であるから」で、だから日本人とチベット人は似ている、などという。信心深いチベット人から「日本人はチベット人と同じ仏教徒」などと表明されると、正直気後れしてしまうが、彼らの熱意からは単なる社交辞令以上のものを感じる。

チベット人の日本人への思い入れは、「日本＝漢民族の敵」の愛国主義教育が逆に働いていることもあろう。中国に物申すようになった最近の日本の首相に対する、異様な親近感も働いている。しかし、もっと根本的な背景があるように思われる。それは一世紀以上前、仏教の伝統が強すぎて、当時の世界の動きを広い見地から評価できず、近代化に遅れて今に至るチベットとは違い、同じく「仏教国」でありながら西欧から合理性を貪欲に取り込み、アジアの大国として近代化に成功した日本への憧憬である。仏教の伝統と科学の発展という互いに「相容れないもの」を奇跡的に両立させた国だと、目に映るようなのである。

この一世紀のあいだにチベットをめぐる政治環境は大きく変わった。しかし、多田等観が報告したような日本への親近感は、断片的であるが今もまだ根強く生きている。私が日本人だと分かると、ラサで大人気のアニメ「一休さん」の歌を歌いだす者もいれば、「（中国政府を苛立たす）安倍《アンベイ》は素晴らしい！」と挨拶代わりにいい去っていく者もいる。そして、「日本人は頭がよく、優しく、そして真摯な仏教徒である」、「日本人とチベット人は昔々同じ祖先を共有していた」などと、熱心に語る年配のチベット人たちもいる。我々からすると幻想を抱きすぎている感は正直あるが、急速な現代化のなかに生きるチベット人にとって、その力のこもった眼差しは、彼らの見据える国の理想像の現われでもあるような気がする。

（＊）『多田等観全文集：チベット仏教と文化（全一巻）』今枝由郎（監修）七七―七八頁（白水社）。

（＊＊）ラサなどチベット文化圏に長年滞在し、ダライ・ラマ十三世などとも交流を深めた、英国領インドの高級官吏チャールズ・ベル（Charles Bell）は、その著書 *Tibet: Past & Present*（1924）Oxford: Clarendon Press（p.220）のなかでこう記している。「……日本と中国の戦争［日清戦争］、日本とロシアの戦争［日露戦争］は、かの島国の力（the Island Power）の急成長に対するチベット人の関心を掻き立てたのだった。人種上・宗教上における、かの国のチベット人との関係が、当然ながら彼らに満足感を与えたのだった。……こうしてチベット人たちは、日本の国力に理解を示し称賛するようになる。日本が中国とあまりいい関係でないことを思い巡らしては、彼らはより一層日本に傾いている」(著者訳)。

チベット語の身体感覚

チベット語は難解な言語だとよくいわれることがある。サンスクリット起源といわれるその文字は、漢字やアルファベットに慣れた目には確かにとっつきにくい印象を与える。さらに、仏教の深奥な教えが説かれている言語だとのイメージがあるせいか、「難しいはずだ」などと思ってしまうのかもしれない。しかし、「聞く」「話す」に限っていうと、チベット語は日本語を母国語とする者にとって、実に親しみやすい言語なのである。

まず、語順がほぼ日本語と同じである。たとえば、「私は友達と一緒に学校に行きます」という日本語のセンテンスは、語順そのままにチベット語に置き換えられる。助詞があるので言葉の置換がしやすいばかりか、英語などにはまずありえない「主語の省略」もチベット語では全く問題がない。また、尊敬語や謙譲語が非常に発達しているところも、日本語に親しんでいる者には、割合自然に受け入れられるのではないか。日本のメディアでは「外国語の苦手な日本人」などと自虐的に語られることもあるが、それは英語のみを念頭においた一方的な言説のような気がする。

翻って考えてみれば、英語は広大なユーラシア大陸の西端で話される言語で、大陸の東端に住んでいる日本人には一筋縄ではいかないのが当然である。我々が英語を話すときには、こちらの心持ちや精神性まで欧米モードへ跳躍《ジャンプ》させ、言葉を紡ぐのが常である。よほど小さい頃から英語に親しんでない限り、最初は結構無

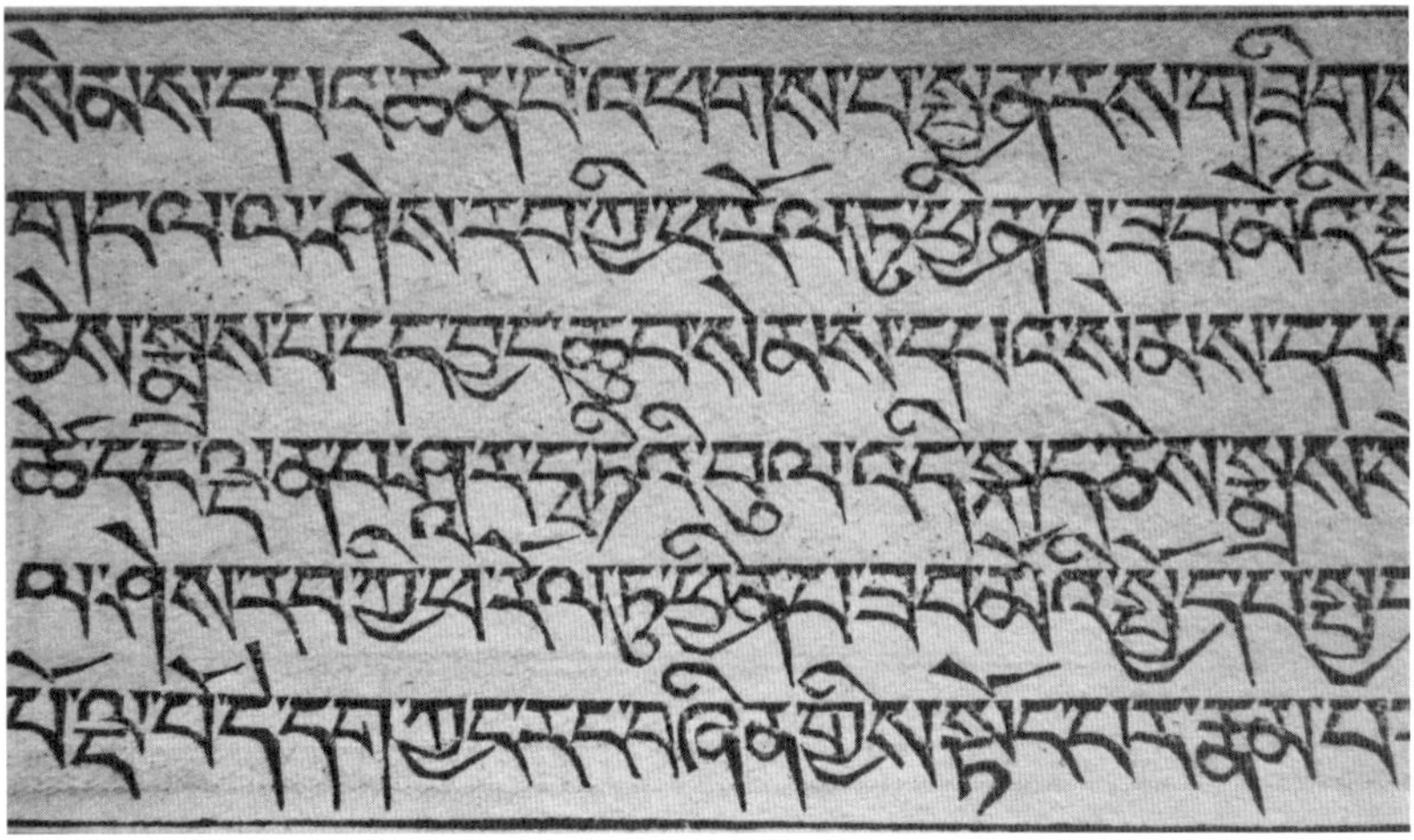

チベット語の『般若心経』

理しないと口に出てこない。これに対して、内陸アジアの言語であるチベット語は、そのような「精神のジャンプ」があまり必要でなく、頭も心も普段の日本人のままで話せるような気安さがあるのだが、これは私がラサに長く住んでいるせいだけではないと思う。

もうひとつ、普段チベット語に触れて思うのは、仏教の用語がとても平易な日常語で表わされている点である。たとえば、日本語のなかに「有情《うじょう》」という言葉がある。「生きとし生けるもの」という意味であるこの言葉は、チベット語の「セムチェン」に対応し、それは直訳すると「心を持っているもの」となる。そして、「中有《ちゅうう》」という言葉。これは人間が死んで生まれ変わるまでの四十九日間を指す言葉であるが、チベット語では「バルド」といわれる。「バルド」の「バル」は、単純に「あいだ」といった意味でよく使われる語句である。極めつけは「聖なる」という意味を表わすチベット語の日常語である。これは「ツァチェンボ」というが、原義は「大きく脈打っている」という意味になる。これは明らかに、聖地に行ったとき、聖人に会ったとき、我々が受ける波動のような体験をそのままあらわしている。

日本人にとって漢語は外来語で、外部から付与された言語である。それだけで仏教の概念を語ろうとすると、観念的な理解に陥ってしまうこともあるのではないか。それよりもチベット仏教の用語のように、身体感覚に近い土臭い言葉のほうが、難解な教えや現地の感覚もすっと心に入ってくる。余談であるが、ヨーロッパの哲学書を日本語ではなく原語で読んだほうがよほど分かりやすいのは同じ理由からである（形而上的《メタフィジカル》な概念を日常語でいい表わす伝統がヨーロッパにはある）。チベット語であれ英語であれ邦訳する際、漢語を多用する便利さはあるだろうが、どこかしら誤魔化されたような気がするのである。

一世紀以上前、河口慧海は、漢語で歪曲されたものではない〈原典〉を求めてチベットへ旅をした。「どうか平易にして読みやすい仏教の経文を社会に」と。何かと世間を騒がせた慧海であるが、チベット語と日本語の親近性、そして「チベット仏教」という現在でもぴちぴちと生きている精神遺産を考えると、彼の理想はいまだに新しいといえるのではないだろうか。

チベット人に伝わる大切な仏陀の偈

「お前にひとつ、チベットの伝統の偈《げ》を教えよう。これは昔から仏教徒に伝わるとても大切な教えだ」。ダラムサラ滞在時、私の最初のチベット語の先生であったリンチェン師は、ある日の授業後、おもむろにインド製の古いノートをとり出し、私に書き渡してくれた。それは仏陀が説いたといわれる四行詩であった。

ラサ・ガンデン寺に掲げられた大タンカに祈る巡礼者たち

比丘や賢者たちは、金細工師が
金を熱し、切り、磨くのとおなじように、
よくよく私の言葉を吟味してから受けい
れるように。
尊敬の念だけでそうしてはならない。

私があなたの師であるからという理由だけで、私の言葉を安易にそのまま呑みこんではいけない、私の言葉をクリティカルに吟味し、ちゃんと咀嚼《そしゃく》してから自分のものにしなさい、という大切な仏陀の教えである。インドのダラムサラにいるときも、ラサにいるときも、チベット人の先生方から私は何度となくこの偈を聞かされてきた。それほどチベット社会で広く浸透している大事な教えなのである。リンチェン師は大変な教養人であったが、この偈は広く凡夫にも知られている。

チベット人と接するまでこの仏陀の言葉を知らなかった私は、最初に聞いたときはいたく感動したものだった。仏教という宗教は、信徒のためにこれほどまでに突き放すものなのかと、非常に新鮮な教えに響いたのだ。周知のように、チベット人は信仰心がとても篤い。それはチベット人自身が一番よく知っている。だが、その篤い信仰心は時として、盲信へ繋がる危険があるのだ。この仏陀の偈の広まりは、いわば汎民族的な自戒の現われのような気がする。

この偈の意味について、ちょっと立ち止まって考えてみる。厳密な意味において、仏陀の言葉を最初から突き放して吟味するなどそもそも可能なのであろうか？　仏陀の言葉を理知的に吟味した後初めて信仰心が生まれるのであろうか？　それはやはり否であろう。仏教に対する信仰や親しみがなければ、そもそも吟味しようとする心も湧かない。言葉を吟味せよ、といった仏陀を、吟味なしにすでに信仰しているのである。つまり無信仰から信仰へではなく、信仰から信仰へ人は導かれていく。理知を媒介としながら。

理知と宗教心は互いに矛盾し合う概念としてよく対峙される。だが、理知や合理性といったものを下支えするものは畢竟、ある種の信仰心なのではなかろうか。文脈は異なるが、ルネサンス以降のヨーロッパで生まれた科学や近代合理主義といったものは、神の御業＝自然に近づこう、それを理解しようとする宗教的動機とは無縁ではなかったのではなかったのか。

仏陀の偈から話が急に大きくなってしまった。だが、崇高な教えと自分とを絶対的に対峙・並立させようとするこの偈は、言語レベルの単なる忠告を超えて、なんというか、宗教の果てへと我々を駆り立てているような気がするのである。信心深いチベット人が、教えの真髄（＝仏陀の言葉）を一旦括弧に入れ、いわば「空《くう》にする」ことのなかに、彼らの宗教の生命力があるように思う。

悪霊に憑かれないために

ずっとチベットに暮らしてきたチベット人が、初めて日本を訪れると何に驚くのか——。これは大変興味深いテーマであると同時に、我々日本人にもいろんな示唆を与えてくれる。ひとつエピソードを紹介したい。

「日本人はなぜ一人なの?」。大阪・梅田の立ち食いうどん屋。初めて日本にやってきた私のラサの妹分を連れて、きつねうどんを食べに行った。私は彼女に「大阪名物」を紹介したかっただけなのだが、彼女の目は周囲の客に釘付けである。「なんでみんな、一人で食べるの?」。老若男女、一人で黙々とうどんをすっている様子に彼女は驚愕したのだった。スタバに入っても彼女の驚きは変わらない。驚くと同時に周りを見てソワソワしだす。「なぜ一人で珈琲を飲むの? かわいそう……」。

かわいそう、なのである。どの簡易飲食店に入っても、一人、一人、ひとりだけの人が大多数。そこに彼女は大変な違和感を感じるとともに、どうしても「かわいそう」に思えてしまうようであった。ラサの茶館などでは、家族や友達と一緒にお茶を飲み、見知らぬ者同士でも世間話に花を咲かす。どうやらその茶館の雰囲気とのギャップに驚き、とても悲しい気持ちになったようだった。

ところで私はちょうどそのころ、チベットの悪霊と精神疾患との関係について調べていた。それで『ギューシ』(四部医典)と呼ばれる伝統チベット医学の経典を読んでいた。そこには、「目に見えない悪霊の治療の章」という項目があり、様々な悪霊に襲われる原因が詳述されているのだ。経典によると、不道徳な行ないをたくさん行なう、人を傷つける言葉を発する、嫉妬心にまみれるなど、仏教の教えに反する言動や心構え

地元の人々で賑わうラサの茶館

東京・六本木ヒルズから

が悪霊を呼び込むとある。つまりは、悪霊は憑くのではなく、「我々のほうから積極的に招く」ものとして捉えられているのだ。さらに興味深いことに、悪霊が憑依する原因のひとつとして「ひとりぼっちでいること」が挙げられていた。

「日本人は一人でいる……」。先のチベット人の印象と重ね合わせるなら、日本人は悪霊に憑かれやすくなっているのか。そもそも、悪霊に憑かれやすいとはどういうことか。そして、悪霊とは一体何なのか。そこにまっすぐ答えることは難しいが、チベットの伝統医学のメッセージが我々に伝えようとしていることは、なんとなく分かるような気がする。

しかしながら、我々現代人、日本の大都会に住んでいる人間はもうすでに、孤独なしには生きられないほどのところまできているのではないか。それどころか、孤独そのものが享楽にさえなってきている。プライベートな時間・空間を保つことは、生の充実のため、ごくごく自然な欲望になっているのだ。一人になることによって、再び社会生活のなかへ蘇生していく術さえ、我々は身につけてしまったのである。

しかしながら、「享楽」は「リスク」なしには獲得できない。享楽＝危険なのである。このあたりのパラドックスを社会が見えなくさせてしまっているともいえるし、我々が積極的に見ないようにしている、ともいえる。問題なのはやはり、「見えにくさ」のように思えてくる。四部医典のメッセージが我々に語りかけてくるのは、その闇の部分であり、安易に享楽に流され、悪霊と結託してしまう恐ろしさを指摘しているようにも聞こえてくる。

「悪霊と繋がる」（＝ひとりになる）のは単純に悪とはいえないのかもしれないが、知らないうちに憑依されてしまうのは確かに不幸ではないか。チベット人たちは彼らの精神文化のなかで、そういった魔の忍び込む危険というものを、孤独というものの本質を、ひときわ鋭く感じとっているのかもしれない。

チベット伝統医療の内奥

チベット人にとって身近な「チベット伝統医療」――。脈診や尿診などで病状が診断され、動植物や鉱物の抽出物を配合した薬が処方される。海外では「神秘医学」として語られることも多いチベット医学であるが、実際のところどのようなものなのだろうか。

チベット医学の聖典『四部医典』によると、人間の体質・気質は、三種の異なる体液の構成によって決定されるという。その三種とはチベット語で、ルン、ティーパ、ベーケン。ルンとは「気」のことで、この要素が身体に多いと落ち着かず、楽しみ好きとなり、躁状態になりやすくなるという。ティーパとは「熱」のことで、これが多いと体格はよくなるが、攻撃的になり傲慢になりやすくなるという。そして最後のベーケンであるが、これに支配されると、象のように落ち着き、のんびりとした性格になり、思考も行動も鈍くなりやすくなる。

この三種の体液というのは決してネガティブなものではなく、心身の健康のために不可欠な要素なのだが、それらのバランスが崩れると病気を招きやすくなるという。したがってチベット医（アムチ）の病気の診断・治療とは、患者の体内に宿っている三体液の状態を正確に観察し、その調和を再び回復させることになる。これがチベット伝統医療の病理学の根幹であり、非常に端的にいえば、心身の状態を理解するための体系はこれに尽きる。

神秘的だと思われがちなチベット医学であるが、その人体観はシンプルそのものであるといえよう。しかし

六道輪廻図の中心に描かれる「三毒」の象徴、豚と蛇と鶏

アムチから脈診を受ける

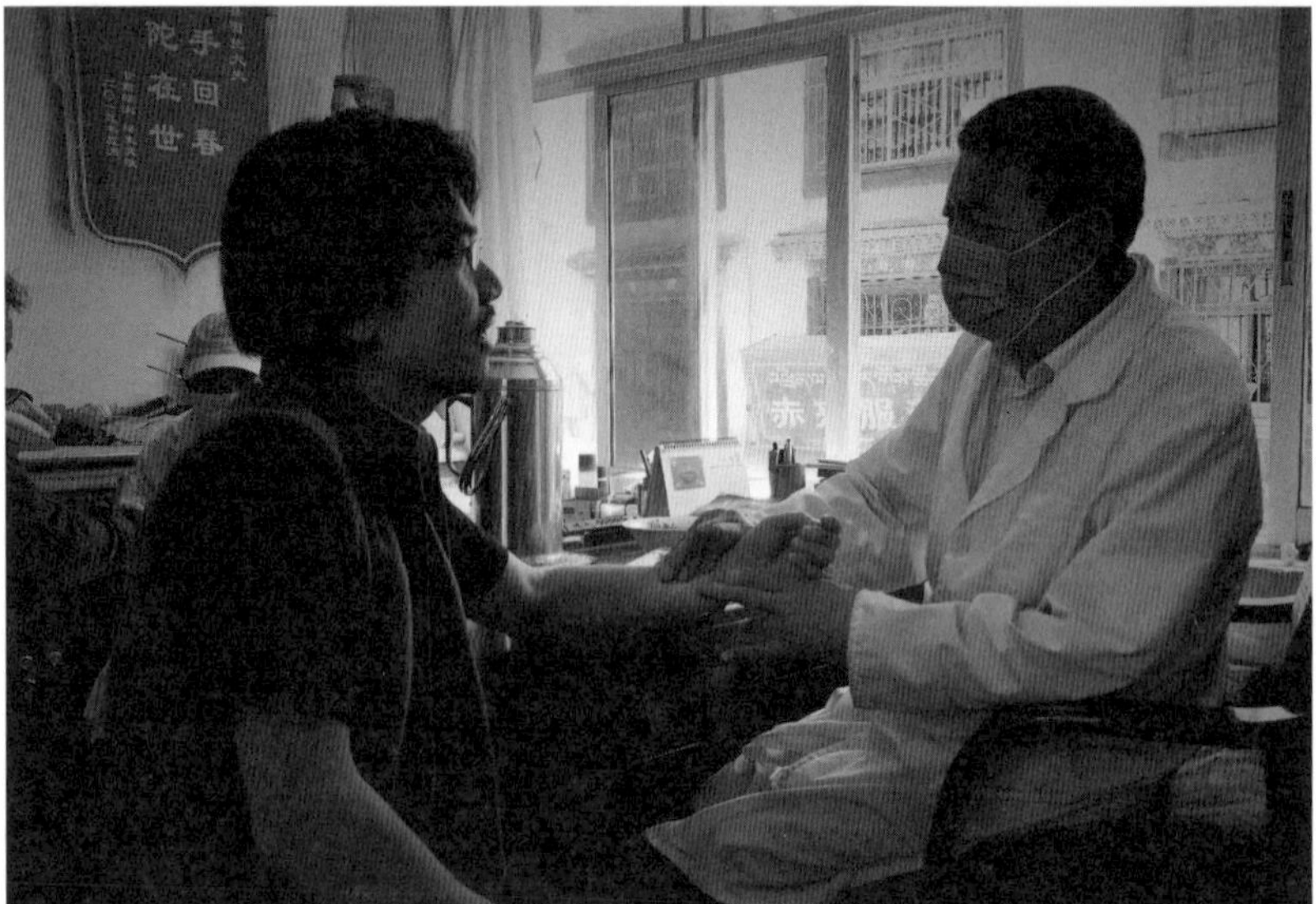

ながら、ここで理解をとめてしまうと、チベット医学への理解は中途半端なものとなる。この医療体系に生命を吹き込んでいる思想にさらに思いを巡らしてみる必要があるのだ。そこにチベット医学への人々の大きな信頼、そして、その効用の秘密が隠されている。

たとえば、三体液のルンであるが、これは仏教で戒められている「執着」から生まれるとされている。同じように、ティーパは怒りや憎しみから、そしてベーケンは（仏教の教えに対する）無知から発生し増大する。これはとりもなおさず、仏教の基本的な教え、我々の心のなかに巣食う「三毒」である貪《とん》・瞋《じん》・癡《ち》に相当する。つまりは、我々の煩悩や自己愛着そのものが、あらゆる病気の土壌となり肥やしとなっていることを、明確に表明しているのだ。身体の医療が、「心の医療」である仏教と原理的なところで深く繋がっている。チベット医学が「精神医学」だといわれるゆえんである。また、仏教の教えのことをチベット語で「チュー」というが、病気を「治療する」も同じく「チュー」と発音される事実にもそれは現われている（＊）。

そしてさらに「何のために病気を治療するのか」という問いに対しても、チベット医学の解答は明確だ。「病を治して、仏様の教えを行じるため」なのである。

このあたりまでを射程にいれているチベット医学の奥深さは、西洋医学の伝統と比べると際立つ。後者は、「延命至上主義」で病や死と闘うことをその目標の中心に据えている。一方、チベットの伝統医療は、生と死を超えたところから病と対峙し、人々を再びあるべき信仰生活へと送り返していくのをミッションとしている。チベット医学が根ざしているものから我々が学ぶべきは測り知れないだろう。

（＊）仏教の教えを医療にたとえる説法はチベットではよく見られる。本書第六章「地獄に堕ちる仏教の教え」を参照。

鳥葬に立ち会う

少し前の話になるが、うちの雌猫が産んだ仔猫が亡くなった。生まれてくるのも突然であったが、死んでいくのも本当に突然であった。ラサの習慣にならい、遺体をカタとよばれる白いスカーフで丁寧にくるみ、街の南に流れているキチュ河に流した。キチュとは「喜びの水」という意味である。

ラサでは犬や猫など身近な動物を亡くすと、キチュ河に流す習慣がある。動物だけではない。人間でも乳幼児が亡くなると、この河に流すのである。地元チベット人は魚を食べる習慣がないが、その理由のひとつは、このキチュの魚たちが人肉を食べていることによる。ラサで魚を食すのは、漢民族と観光客だけである。

再びうちの猫の話に戻るが、その母猫は数年前に亡くなった。鼠駆除用の餌を食べた鼠を食べてしまったのである。毒死である。ラサでは、動物でも人間でも毒死や伝染病死の場合、必ず土葬となる。他の生き物が遺体を食べて死の連鎖とならないように、である。母猫は、キチュの川辺に埋めた。

チベットでの葬儀の仕方は多様である。高僧が亡くなった場合、火葬やミイラ葬となることが多い。しかしながら最も一般的なものは、やはり鳥葬であろう。大きな僧院の裏手などにはたいがい鳥葬場があり、早朝には葬儀が粛々《しゅくしゅく》と行なわれる。

十年ほど前であるが、私は一度この鳥葬儀礼に立ち会ったことがある。遺体は二体。黒紫に変色し、周囲になんともいわれぬ腐乱臭を放っている。鳥葬請負人が遺体に無造作に切り込みを入れた。すると、五十羽はいたであろう鷲はいっせいに飛びかかる。遺体のひとつは妊婦であった。鷲に引きずり出されたその胎児も一瞬

鳥葬の鷲はチベット語で「チャゴ」（獰猛な鳥）と呼ばれる

で崩れていった。残った骨は金槌《かなづち》のようなもので砕かれ、麦こがしと一緒に混ぜ、ふたたび鷲に施される。十分も経たないうちに、どす黒い血痕を残してすべてなくなってしまった。

チベット仏教では、鳥葬は人生最後の「布施」であると考えられている。生きとし生けるものへ自身の人肉を施す、ということである。ここで思い出すのは、釈迦の前世の物語である本生譚《ほんしょうたん》の一節、「捨身飼虎《しゃしんしこ》」であろう。飢えた虎の親子を救うために自身を投げたこの物語は、葬儀である鳥葬の場合とは厳密には異なる。しかし、その意図するところは同一である。

動物は「食べる」ものであって、「食べられる」ものではない。人間は動物に食べられる対象とはなりえない。しかし、仏教はその通念に穴を穿つ。チベットの鳥葬は文明論的な立場からいえば、人間中心主義へのラディカルなアンチテーゼであり、人間は〈自分自身の消滅〉という事実をどれほどまでに抱え込むことができるか、そもそも抱えるという次元のものなのか、などといった本源的な問題に我々を立ち会わせる。

ラサで大人気！　歌手と僧侶のコラボで生まれるチベタン歌謡曲

ラサではチベット語の歌謡曲やポップスが大変な人気である。老若男女問わず広く愛されている。内容は故郷への思いを歌ったものや恋愛もののほか、なんと「信仰もの」が非常に多い。ラマや人々の祈る姿のＤＶＤ映像とともに、魅惑的な歌曲がラサの街角に流れている。

「ラマよ、御加護を賜りください。観音菩薩よ、御加護を賜りください……ああ私のラマよ、御加護を賜りください！」。この曲を歌う東チベット出身の歌手クンガーは、チベット中で絶大な人気を誇っている（＊）。彼の歌声は高らかでとてもよく通るため、美しい旋律で彩られたこの曲に非常に合っている。突き抜けるような信仰心が昂揚感とともに歌われており、多くのチベット人たちは酔いしれる。

この人気歌手クンガーは、非常に難解な歌も歌っている。「無際限の空性である法身の浄土において、六つの法性を備えた太古の堅固な王国を接受し……」。一体これは何なのか、ポップスなのに仏教の教えに関する難しい用語が見える。また、「慈愛への訓戒」と題された歌はこう始まる。「慈愛の心を芽生えさせ、考えを巡らせる者はいない。どうか(自身の前世の)母である動物たちを殺さぬよう」。映像は屠殺のシーンである。歌詞は、動物の不殺生を促す戒めの言葉で綴られ、最後は、「執着する者はどれほど福を得ようとも、それは真の幸せとはいえない。苦しみの世界に縛られず、悟りの幸せの道とは何かを考えるように」。

これは明らかに説法である。歌謡曲の体裁をとっているが、仏教の教えをそのまま垂れている。それもそのはずである。実は作詞は多くの場合、ラマが担っているのだ。先のクンガーの場合、東チベットで信仰を集めていたニンマ派のラマ、故ジグメプンツォが残した祈禱の偈《げ》にメロディを付与して作った曲なのである。ラマと人気歌手のコラボレーションが、現代チベット歌謡の創造の大きな源泉のひとつとなっているのだ。これは聖俗の垣根をいとも簡単に超えてしまうチベット仏教の懐の深さともいえるが、日本など他のアジアの仏教国にはなかなか見られない非常にユニークな現象なのかもしれない。チベットの今の抑圧的な政情を考えると、感動的でさえある。

歌謡曲を流すDVD屋台に群がるチベット人たち

ところで、僧院で仏教の教えを修める僧侶たちの必須科目のひとつに、「詩学《ニェンガー》」というものがある。韻律学や語彙学など文章作成の勉強とともに、将来自らが説法を行なう際の基礎訓練を受けさせられるのだ。説法はやはり耳を傾ける俗人の人々にとっては「聞こえのよい」（ニェンボ）ものでなければならず、作詞にもその伝統修養の智慧が生かされているといえよう。

そして、中国当局により禁止されているダライ・ラマへの信仰心も、歌謡ＤＶＤのなかに暗に表現される。それがまたチベット人のあいだで大人気なのである。隠喩や象徴を巧みに組み合わせ、意図的に分かりにくくしてあるが、聴く者が聴けば心動かされずにはいられない強烈なメッセージが込められている。分かりにくくしているぶん、それがかえって同じ抑圧的な政情の下で生きる人々の共感を誘い、彼らの心を強く掴んでいるのかもしれない。地元政府の厳しい監視下で、チベット歌謡曲は民族感情の吐露・人々の心の拠り所になっている。

（＊）しかしながら近年、チベット歌謡産業は政府の厳しい監視下にあり、ラサの公共の場所で彼の歌を歌ったり、DVDを放映することは強く規制されている。クンガー自身、当局から「危険人物」としてマークされているのはほぼ確実で、事実、彼の歌に以前あった政治的なメッセージは最近薄まってしまった。それでも彼の「危険な」歌は、あまりにも広くチベットの大衆に広まっており、取り締まりなど事実上不可能となっている。

〈辞世の歌〉考

少し前の話だが、友人に誘われてチベット人の宴会に行った。小さな集まりであったが、海外留学経験のある高い役職の方ばかりで、宴会とはいうものの気品めいた雰囲気が漂っていた。私の右隣に座っていたのは、私とほぼ同年齢と思われるエンジニアであった。我々ふたりは酔いながら話題は千鳥足風にあちこち飛んでいたが、チベット民族の心の話になると、彼の目つきはきっと鋭くなり、チベットの有名な格言をひとつ垂れてくれた。

たとえ明朝死ぬ運命であろうとも、学問は怠らず。
今世は賢者に成り得なかったが、

ラサ・セラ寺にある六道輪廻の壁画

来世のために蓄える、
その宝を再び自分が得るのだ。

これは、十三世紀のチベット仏教サキャ派の大聖人、サキャ・パンディタの著わした『サキャ・レクシェー』という格言集に収められているもの（＊）。たとえ明日死のうとも、今世で獲得した知識や経験は、来世に活かされるので、死の間際まで学問行をするべし、との凄まじい箴言《しんげん》である。

チベット人の知識人と話をすると、昔の格言や諺を引用されることが多いが、右の言を放った彼は厳格な科学者であるにもかかわらず、お酒の力もあり、仏教徒として思わず本音が出てしまったのであろう。輪廻というものの存在をありありと感じさせる、チベット人らしい辞世のあり方であるともいえるが、それ以上に彼のその堂々としたたいいっぷりが心に残った。

ところで先日、日本のある随筆を読んでいると、有名な辞世の歌に出くわした。それは『伊勢物語』の最後の段にある。

終《つひ》にゆく　みちとはかねて　聞きしかど
きのふけふとは　思はざりしを
（死出の道はいつか行く道だとは、かねてから聞いていたものの、昨日今日のことだとは、思わなかったよ）

これは『伊勢物語』の主人公とされる在原業平が大病になり、自分の死を見つめて詠んだ歌であるが、先のサキャ・パンディタの句と比べてどうであろうか。仏教の教え、輪廻の考えからみると、なんとも不器用で不恰好な最期だとどうしても思ってしまう。

しかしながら、淡々と死を受け入れるその態度には、何かしらの迫力がひたひたと感じられ、我々の心をどんとつかむ。この境地にいったん触れると、逆にサキャ・パンディタの句は、大袈裟で仰々しく、生身の人間の実を欠いた虚にさえ見えてくる。

辞世の歌を安直に論じることは、畏れ多く、不正で、心を乱してしまうものとなってしまうであろう。でも、やはり気になるのは、信仰の篤いチベット人と我々のあいだに広がる、死の向こう側に対する感覚の大きな違いである。それは俗人を寄せつけない領域であろうが、右の二つの辞世の句は、それぞれ生きている世界の極みのなかで、なにかしらを捉えているような気がする。

(＊)『サキャ格言集』(二〇〇二) 今枝由郎訳 (岩波文庫)。

贈与の原理

二〇一二年、インドのブッダガヤで「カーラチャクラ灌頂」と呼ばれるチベット仏教の大法会が催された。この法会はダライ・ラマが中心となって毎年行なわれるもので、その年は聖地ブッダガヤ(＊)での開催ということもあり、約二十万人もの信者が集まった。このなかには、中国領チベットから「法的に」(亡命ではなく、中国籍のパスポートを保持して) 参加したチベット人がなんと数千人もいた。政情を考えると非常に驚くべき数字

チベット高原の突き抜けるような空

だが、さらに驚くのはこれらの人々が、七千万元（当時の換算で約十二億円）以上ものお布施をしたらしいのだ。

パスポートを保持して外国に行けるほどのチベット人とはもちろん、近年拡大しつつある富裕層の人々だ。中国全土を席《せっ》捲《けん》する市場経済のなかで、急速に富を獲得したチベット人たちである。

その彼らが、一生に一度あるかないかの稀有な機会に、巨額のお布施をしたのだ。ダライ・ラマ法王との謁見である。一生に一度どころか、「万生に一度」ぐらいの気持ちだったのかもしれない。市場経済の発展によって生み出された自身の富を、単純にビジネスの拡大へと費やすのではなく「お布施」として神仏へ捧げたのだった（＊＊）。

このお布施という行為を、仏教の文脈から少し離れて考えてみる。

人類の発明した最も古いタイプの「交換」は、「神との交換」であったと思われる。神々に捧げる供物には、施主の祈りや信仰心などの「気持ち」が、まるで焚き染められたお香のように付着しており、それがそっくり神に送り届けられるのである。

そして、その気持ちをこころよく受け取った神は、その施主に加護や豊作を齎《もたら》し、それによって人と神のあいだで深々とした一体感が共有されていく。ここには、人類学でいうところの「贈与の原理」と呼ばれる、人と神、人と人を繋げる仕組みが働いている。

仏教徒にとってお布施とは一種の贈与といえよう。お布施を通して施主の気持ちが神仏へ送り届けられる。ラマは神仏にすべてをゆだねつつ、お布施の返礼として祈禱や灌頂を施主に与えていく。お布施が、人々とラマと神仏を深く結びつける贈与の働きをしているのが分かる。

そしてそのお布施は、単なる「モノ」ではないので、丁重に捧げられるのが常だ。チベット人がカタと呼ばれる白いスカーフにお布施を包んで僧侶に渡したり、神仏像にお賽銭を捧げる際、それを自分の額に持っていき、願いを込めたりするのがそれである。このちょっとした「儀式」により、お金は単なる「モノ」から自分の人格や気持ちが吹き込まれた「特別なモノ」へと変貌するのである。

それにしてもだ。中国の拝金主義が席捲するなか、富者であっても伝統的な信仰心を失わないのが、いかにもチベット人らしい。さらに興味深いのは、彼らの大胆なお布施の仕方である。「ダライ・ラマ謁見」という甚大な政治リスクを背負い、まるで保身や見返りなど求めてい

ラサ・ガンデン寺に掲げられた大タンカに祈る巡礼者たち

ないかのように見える。これはいわば「贈与を超えた贈与」といってもよく、お布施の理想的なあり方なのかもしれない。

お布施に限らず、チベット人ひとりひとりの、全身を投げ出すような「底なし」の施しというのがチベット社会の随所に見られる。今現在でもそうなのである。それが「チベットという共同体」に無尽蔵の生命力を与えているように思う。

（＊）釈迦が悟りを開いた場所。ルンビニ（釈迦生誕の地）やサルナート（初転法輪の地）などとともに、仏教信者にとって最高の聖地となっている。

（＊＊）中国政府はこの事態を重くみて、帰国者全員を捕らえて「反ダライ」の愛国主義教育を隔離宿舎で受けさせた。そして二度とこのようなことが起きないよう、チベット自治区に籍のあるチベット人のパスポートは強制的に没収された。

地獄に堕ちる仏教の教え

この数十年、チベット仏教に対する世界中の視線はとても熱い。信仰心の篤いチベット人、神秘的で深奥な密教の教え、そしてその教えを体現するダライ・ラマなどの高僧たち……。仏教に対する憧れとともに、チベットのスピリチュアルなイメージが欧米・日本など世界中を駆け巡っている。

そして、チベット仏教に入信する外国人は後を絶たない。日本人でも若者を中心に修行に励む者が出てきている。縁があるのであろう、私はそういう「外人行者」によく出くわす。真摯に修行に励み、心意気も見てい

問答修行をする僧侶たち（ラサ・セラ寺にて）

てなかなか気持ちいい者がいる一方、何かちょっと引っかかるような印象を与える者も実は少なくない。

私は修行には全くの門外漢であるが、修行というものは畢竟、自分自身の心と対峙し、逃げずに取っ組み合いの格闘をするようなものであろう。心のなかに渦巻く欲望をしかと見つめ、それをなんとか静め宥《なだ》めなどし、そしてできることならポジティヴな方向へ、〈利他〉の形に変容させる――。方便はそれぞれ違うかもしれないが、仏教の究極の頂点は、そういう理想に向かって毎日毎日、瞬時瞬時、心の働きを向かわせていくことであろう。相手は、ぴちぴち生きている〈こころ〉という不可思議なもの。困難なのは始めから分かりきっている。

しかしながら異文化からやってきた「外人行者」のなかには、広大なチベット世界の雰囲気に呑まれてしまうせいか、自身や自身のラマの「霊性の高さ」に拘泥するせいか分からないが、自らの心を手《て》懐《なず》けるどころか、いかにも悟ったという体で驕り高ぶっているような者が少なくないような気がする。チベット仏教の世界、密教の修行の階梯に触れていることが、「我執の増幅装置」のように働いてしまっているのである（＊）。これでは本末転倒であろう。

チベット仏教には、我々生きとし生ける者はみな、ある意味「患者」のようなもので、仏法はその患者への「薬」、ラマは技量の高い「医者」、そして修行は「施薬」であるとの考えが根強くある。ラマの薬の処方が悪かったり、患者が薬を曲解したりすると、施薬により心の状態がさらに悪化してしまう。つまり仏教という強力な薬はその効能ゆえ、強力な〈毒〉にもなりうるのである。昔から経典にこう書かれている。

「仏法を仏法そのままに実践しなければ、仏法そのものが悪趣への因となる」(**)。

自分の欲望によって仏教の教えがそのまま毒に変化し、地獄に堕ちてしまうこともある、というのである。これはもちろん新参行者だけでなく、広くチベット人へ向けられた非常に大切な教えであろう。

仏教という宗教が、自らの価値の「影の部分」に大きな焦点を当てていることに底のない深みを感じる。その教えは単に「謙虚であれ」と説いているのではない。その射程は、自らを転倒させることによって、仏教の教えそのものに対して抜き差しならない態度を我々に迫るものなのである。足元にぽっかり開いた巨大な穴を抱え込みつつ、そこに広がる暗闇のうえを綱渡りで歩くような、生と死の際《きわ》へと我々を導く。仏教の教えには、そういった覚悟が求められているように思う。

(*) 仏教を騙《かた》った集団や個人は、オウム真理教などをあげるまでもなく無数に存在するであろう。まずは他者の邪宗加減をあげつらう前に、自分たちは本当のところどうなのか、問うてみることが必要であろう。日本文化の精神性とチベット世界に投げかけられるファンタジーの相関性について、いつか論じてみたいと思う。その端緒となる拙論は、以前上梓した。Daisuke Murakami "Japanese Imaginings of Tibet: Past and Present". *Inner Asia* 12 (2010): 271–92

（＊＊）悪趣とは、生きとし生けるものが悪行を積み重ねた結果、堕ちていく苦しみの世界のことである。六道輪廻における「地獄」「餓鬼」「畜生」の三界を指す。引用文は、ラサで広く読まれている経典のひとつ『クンサンラマの教え』から。

死者との向き合い方

チベット人は死者とどのように向き合うのか――。ここに、日本人との根本的な違いがみられるようである。

チベットでは鳥葬が一般的である。そこでは死者の肉も骨もすべて鳥に捧げられる。よって遺骨などはなく、ゆえに位牌も仏壇もお墓もない。遺族の家にあるのは、死者の魂（＊）がよりよい転生ができるよう祀られた、仏像や仏画のみである。そして、死者が生前着ていた衣類、使っていた茶碗などはすべて遺棄される。形見としてとっておくことはない（＊＊）。生前の写真でさえすべて燃やされる。これらの行為は、残された家族の死者への執着をなくすためである。こちらの執着が強すぎると、死者がスムーズに転生できなくなると考えられているのだ。

死者は、積極的に忘れ去られる――。こういってもいいかもしれない。しかしもちろんチベット人とても死者を悼み、生前を思

チベットでは遺体は鳥などに捧げられる

い出しながら深い悲しみに沈むのは我々と同じである。高僧の場合には火葬にされ、遺骨は仏塔などに納められ写真も残されて、残された人々の祈りの拠り所となるのだ。しかし、俗人の死は違う。人々は、彼（女）の死を悼むのと同じかそれ以上に、その死者を「忘れようとする」。死は次の生への入り口に過ぎないからだ。それに、もっと悲しむべき事柄は、現世に（そして今のラサに）溢れている。

この死者への接し方は、日本の場合と比べると際立つ。日本ではお墓や位牌など死者の徴《しるし》があるだけではない。三回忌や十回忌、そしてお盆など、長いあいだ死者を心に留めておくのを善とするし、我々も自然にそういうものだと思っている。

ほんの数世代前まで、日本人の多くは山や田畑、村の景色のなかで生まれて、ずっとそこで生きていた。死ぬと、魂は森のなかへ還っていくと考えられていた。そして、生きているときに溜まっていった穢れは、自然のなかで浄められ山々に溶け込んでいく。死者の霊はやがて山の神や祖霊となり、子孫である村人を護っていくようになる。死者をも内包した共同体のなかで、日本人は生きてきたし、我々の倫理や宗教感覚はそこで磨かれてきた。日本人の多くが都会に住むようになっても、先祖や故人に対する感覚が消えないのは、――普段全く消えていても、「精霊」や「亡霊」のように突然やってくる―― 死者が我々の生活空間のなかで生きているからである。

ところでチベットでは、「亡霊」を見ただの、いるだの、といった話はそれほど多くは聞かない。これは、仏教の強い影響もあろうが、風土がそうさせているような気もする。チベット高原には森はなく、ほとんど岩山や砂丘、草原などで占められている。そのうえ、太陽光線が非常に強く、極度に乾燥している。幽霊が生きていくには過酷な自然環境であるといえよう。よってチベットの大地では、異様に強い悪霊のみが生き残ることになる（＊＊＊）。一方、日本では、鬱蒼《うっそう》とした森と水に覆われ、湿気と深々とした緑が生命を潤してくれている。こういう場所では、小さくて弱い幽霊でも元気に生きのびていくものだ（「幽霊現象学」は、こういう比較文化や風土の視点からみると、より面白くなるだろう）。

日本では死者は神となり霊となり、我々のそばに生きている。一方チベットでは、死者は否が応でも輪廻へと送り出される。しかし結果的には、死者も生まれ変わってこの世に戻ってくる。チベット人と日本人の死者に対する接し方は大きく違うが、「生き続ける死者」という感覚は、それぞれの風土のなかで形を変えながら生きている。

（＊）厳密にはチベット仏教においては、「魂」（ラ）ではなく「意識」（ナムシェー）が来世に継承されるといわれる。

（＊＊）死者とともにヤン（運気）までも家から去って行かぬよう、死者の持ち物や衣服のごく一部——その多くは高価で貴重なもの——を残す風習も残っている。

（＊＊＊）たとえばシュグデン（ドゲル）。この神はゲルグ派の護法神として、十七世紀以降、同派の僧侶を中心に広く崇められてきた。しかし一九九六年、ダライ・ラマがこの神への崇拝に関して否定的見解を表明して以降（この神に対する自らの信仰を放棄したのは一九七六年といわれる）、この神を崇拝するかどうかでチベット社会で内紛が起きており、シュグデンを信奉する一派は、仏教の教えをもとに「調和」や「平和」を世界に訴えるダライ・ラマ側にとって深刻な障害となっている。歴史的にいうとシュグデンは悪霊ではないのかもしれない。しかし、今現在ラサにおいては、護法神ではなく悪霊——それも非常にパワフルな悪霊——として広く認識されている。

エピローグ

――目に見えないものの奥へ――

チベットの文化や宗教、ラサの人々について何かを書くとき、いつも感じることがある。日本語であれ英語であれ、論文であれブログであれ、それは変わらない。チベットのことを本当に自分は分かっているのか、そして、たとえ何かを少し知ってはいても、それを言葉で表わすことなどできるのであろうか、という感覚である。本書『聖地の路地裏』は、チベット・ラサで見聞きした小さな風景、チベットの文化や人々との小さな出遭いについて綴ったものだが、やはり同じようなことを感じながら書いていたように思う。

この感覚を別の言葉でいうならば、チベットについて書くうえでのある種の「原理的不可能性」ということになろう。思うにそれは大きくわけて二つあり、ひとつはテクニカルなもの、もうひとつはより深いものである。前者は政治に関すること、後者は民俗や精神といったものと関わっている。

まず第一に、チベットが中国の支配下にあり、ラサがその軍事拠点となっているという政治状況から、書く行為に必然的に巨大な圧迫がかかってしまうということがある。自分の思いをそのまま、見聞きしたそのままを書いてしまうと、私と関わった現地の人々に多大な迷惑をかけてしまうことにもなりかねない。それほどラサでは、外国人居住者や現地のチベット人に対して監視と抑圧が厳しい。実際のところは、個々の状況でどの程度監視されているか誰も分からない。それに対して中国当局がどのような評価を与え、いつ審判を下し実行にうつすか皆目見当もつかない。結局のところ我々は、楽観と悲観の憶測を往復するだけとなる。しかしながら、政治的なタブーをベースにした抑圧的なラサの現状があり（たとえば、ダライ・ラマへの信仰心の吐露などもってのほかである）、外部の人間がどかどかと無遠慮に踏み込めない領域というのがチベット人の信仰生活の中心にある。

現代チベット学の先駆者であるロバート・バーネット（コロンビア大学）は、それを"essential illegibility"（根本的非解読性）と呼んだ（*）。今のラサの人々が現状について、本当のところ何を感じどう考えているのか――。どんなに長く住もうともどんなにチベット語を解しようとも「外部の人間」である限り、彼らの生きている歴史に直にアクセスするなど原理的にはほとんど不可能に近い。そして、チベットの人権問題や独立運動に対して、欧米や日本、そしてチベット亡命社会の要求やシンパシーが熱くなればなるほど、ラサに住んでいる人々との意識の乖離《かいり》が悲劇的に深められていくことさえある。こういった見えにくいセンシティヴな領域は、ラサでは同胞でさえ沈黙し合うことも少なくない。そういう政治状況を熟知したうえで、我々外部の人間は現場とどう関わりどう書くか、の選択を迫られるのである。

しかしここでは、この政治性のほか、別の次元の「原理的不可能性」について考えを深めなくてはならない。なぜなら本書は、政治ではなくチベット人の生きている文化や民俗といったものに、そのエネルギーの多くを注いできたからである。そこではよりファンダメンタルな問題が浮上してくる。

そもそもチベット文化というものは（おそらくはどういった文化であれ）捉えどころのないものであり、言語に全面的に信頼をおいて理解するなど至難の業に近い。いうなれば（チベット）文化とは、それ自体で生きている「ナマもの」のようなもので、どうにもこうにも一筋縄ではいかない、捕獲（書き著わす）などとうてい不可能なモンスターのようなものといってよいだろう。いつも何かを書いたあとには、言葉によって捕獲できなかった外部《コア》を感じつつ、なにかしらその陰影のようなものをこちらに残しつつ、筆を終えなければならない。そのしっとりとしたリアル感が常につきまとう。モンスターの魂は常に捕り損なうのだ。このジレンマは文字から文字へ（原典から論文へ）トランスファーさせていく実証的な文献学などよりも、文化や精神性などといった空気のようにふわっとしか存在していないもの、でも、ぴちぴちと生きているものを文字化し整理するというパラドックスを設定してしまった人類学などのほうが、おそらくは敏感に感じやすいのかもしれない。不器用にも不可能性の領域に最初から足をつっこんでいるのである。

本書は、そういう不器用な所作のひとつである。いや、その不器用さが成就する（論文となる）以前の、妄想・着想の断片である。長年見聞きしてきたチベット人たちの生々しい日常の一部を、無理を承知のうえで、できるだけリアルな実感そのままに書き表わそうと試みたものである（＊＊）。いうならば、チベット人の宗教世界や精神性といったものに、彼らの住んでいる「心の路地裏」を通してアクセスしようとした数々の小さな軌跡にすぎない。正攻法では原理的に不可能なのは目に見えている。そこで、私がとるようになった方法のひとつが、私の生きてきた「路地裏」と彼らの生きている「路地裏」を重ね合わせることであった。なんらかの偶然の連なりで、お互いの心の路地裏が重なったように感じた刹那、その生々しいリアルな感覚を逃さないように、それが足早に去っていくのを追っていっただけである。ゆえに全くもって受け身であった。不完全であった。それはちょうど、人は自分の見る夢の内容を選ぶことはできないが、見た夢は朝起きた瞬間書き留めておこうと思えば――そこにどんな変更が加えられようとも、それを含めて――、それによってある程度、自分の夢＝無意識に近づけるのと同じようなことである。

そこでは、何かを知っているからそれを言葉で表わすというよりも、言葉で表わしながら自分がすでに知っているもの・体験したことを後から確認していくという作業となっていく。プロローグで紹介したレヴィ＝ストロースの言葉「交叉点になる」とは、そういうことである。

本書は、様々なチベット人たち、彼らの宗教世界、政治的抑圧、私が日本人であるという事実などといった、複数のエレメントが私を貫いた結果、生まれたものである。そのなかで私がリアルに捉えたかったのは、たとえば、「チベット人は信仰心が篤い」といわれるが、それは一体どういうことなのか、といったことである。

ポタラの上空

概説書に見られるような通り一遍の解説でもなく、また、仏教的な価値観からのみとらえた単眼的なチベットでもなく、生のチベット文化、生きているチベット人をできるだけ多方面から描いていくことであった。そしてできることなら、チベットの大地の匂いが紙面からたちのぼるような体験を、読者のみなさんにもしてほしかった。そういうなかで、我々にも、なにかしらの刺激や示唆が得られるのではないかと思ったからだ。その意味で、読者のみなさんの存在も、交叉点の私を貫いていたのである（本書のもとになったブログや新聞記事をラサで書いているあいだ、実際にそうだった）。

世界には、簡単に変わってしまうものと変わりにくいものがある。変わりにくいものはたいがい見えにくい。チベットの場合も同じである。目に見えにくいものを見ようとするならば、「ああに違いない、こうに違いない」などといったこちら側の熱い思いはひとまず横に置いておき、何も考えず〈チベットの精神風景〉にそっと耳をすましていくことである。そうすると、チベット人たちは、どんくさいぐらいに変わらないもののなかにしっかり生きていることに気づいてくる。中国の抑圧であろうとグローバリゼーションであろうと、そんなものはものともしない精神の外部を彼らは持っている。彼らの生きる宗教世界がそこに無限の生命力を与えている。堅固に、それも土臭く。そこに少しでも触れることができたのは、とても幸せであった。

本書は、様々な方々の温かな励ましと深い導きなしには世の中に生まれなかった。チベット大学の恩師たち、日本語専攻の二十人のチベット人の教え子たち、Kaze Travel Tibet のスタッフたち、そして私が長年住んでいたグルカホテルのスタッフたち、茶館で出会ったチベット人や聖地で会ったチベット人……。先に語った理由により、個々に名前を挙げることは控えさせていただくが、ラサにこれほどまで長く住むことができたのは、彼らが私をチベット人のように扱い、ときに彼らが私のラマになり生徒になり、ときに彼らが私の兄妹や父母になってくれたがためである。前世の縁といってしまえば簡単だが、これほど安心してラサに暮らし、あの青空の下をゆっくり歩くことができたのは、彼らの無限の優しさが守ってくれていたためである。今世ではとても返しきれないほどの大恩を、無数のチベット人たちからいただいたのである。恩返しを完遂するまでどのくらいかかるか分からないが、輪廻の先までずっと待っていてほしい。

シミカルボとシロ

この本のもとになった原稿の多くは、『中外日報』紙上に二〇一一年五月から三年間にわたって連載させていただいた「チベット万華鏡」からである。同社社長の形山俊彦さんには、「お好きなことをなんでも書いていいですよ」と、無名の一研究者にすぎない私に温かな声をかけてくださった。本書のテーマが多岐にわたるようになったのは、自由に書かせていただいた氏のご海容のおかげである。心よりの感謝を申し上げたい。共同通信社の左方倫陽さんからは、本書にも収められているチベットの聖地巡礼の記事（二〇〇九年）を最初に依頼してくださった。まるでチベット仏教の研究者のように造詣の深い氏からは教えられることが多く、優しい兄貴のようにいつも私の背中を押してくれていた。法藏館の戸城三千代さん・伊藤正明さん、そして装丁の熊谷博人さん・望月文子さんからはたくさんの励ましのお言葉をいただきながら、本書が世に出るまで辛抱強くお付き合いくださった。本当に感謝したい。

私がラサに長期滞在できたのは、「風の旅行社」の現地駐在員の身分としてであった。社長の原優二さん、長年チベット担当をしている中村昌文さんをはじめ、風のスタッフのみなさん

ラサ・ゲペウシェの山頂にて

には多岐にわたって大変お世話になった。彼らの温かいサポートに守られて、まるで童心にかえったかのようにラサに滞在することができたのである。深い感謝を捧げたい。「ラサの駐在員にならないか」と、初めて声をかけてくれた元社員の野村幸憲さんにも感謝申し上げる。それにしてもサービス業の経験のない人類学者を現地ラサ駐在員として配置させるこの会社の大胆さ、彼らの旅作りのセンスに改めて感服する。日本にももっとこのような旅行社が増えたらいいのにと思う。そして、ラサの宿で母娘三代にわたり同居していたシミカルボ、シロ、ヤンヤン&小鉄にもありがとうをいいたい。本書の元原稿を書いているときは、いつも彼女たちが私の膝の上や、キーボードをたたく腕の上でまどろんでいた。変に文章がはずんだり、急な転回があったとすれば、それはもしかすると彼女たちのいつもの甘い呪術のせいかもしれない。それにしても彼女たちといたおかげで、猫語を少し解するようになったのは幸せな事件だった。
さいごに、私のわがままで振り回してしまった家族には頭があがらない。長いラサ滞在ののち、やっと日本に帰ってきた。これからは一緒に時間を過ごすので、たっぷりとわがまま返しをしてくれたらと思う。

（＊）Robert Barnett (2006) *Lhasa – streets with memories* – (Columbia University Press).
この本のなかで著者のバーネット氏は、長年にわたる独自のチベット研究とラサでの生活体験を織り交ぜながら、ラサの人々の生きている歴史と現状について、深い洞察を行なっている。鋭いが控え目なその思考の足取りと詩歌のような文体のなかで、ラサの都市空間に刻み込まれた過去と現在の記憶のタペストリーを読み解こうとする。

（＊＊）あらためて読み返すと、エッセイ集ながら稚拙で不十分な点が多い。実のところ、内容をもっと充実・洗練させて世に出そうとも思ったが、敢えてあまり手を加えなかった。原文に近いほうが〈ラサの記録〉としてはより好ましいと思ったからである。また、ブログ「ラサは今日も快晴」（風の旅行社）を読んでくださった方々からの励ましもあり、ラサのライブ感そのままでいいのかもしれない、との自分勝手な開き直りもあった。至らぬ箇所も多々あったと思うが、読者のみなさんのご寛恕を乞いたい。

村上大輔（むらかみだいすけ）
人類学者。1969年生まれ、大阪府出身。名古屋大学工学部応用物理学科卒。英国ロンドン大学東洋アフリカ研究学院（SOAS）にて社会人類学博士号取得。フィールドワークのため中国チベット自治区をはじめ、インド、ネパールなどに約10年間滞在、2014年帰国。現在、駿河台大学専任講師、早稲田大学非常勤講師など。

チベット 聖地の路地裏
—八年のラサ滞在記—

二〇一六年八月一五日　初版第一刷発行

著　者　村上大輔
発行者　西村明高
発行所　株式会社 法藏館
京都市下京区正面通烏丸東入
郵便番号　六〇〇-八一五三
電話　〇七五-三四三-〇〇三〇（編集）
〇七五-三四三-五六五六（営業）

印刷・製本　亜細亜印刷株式会社

ISBN 978-4-8318-6234-1 C3015